编委会

东坡大家讲

眉山三苏祠博物馆
封面新闻 编

四川大学出版社
SICHUAN UNIVERSITY PRESS

图书在版编目（CIP）数据

东坡大家讲 / 眉山三苏祠博物馆，封面新闻编.
成都：四川大学出版社，2025. 4. --（三苏文化丛书）.
ISBN 978-7-5690-7785-8

Ⅰ．K825.6

中国国家版本馆 CIP 数据核字第 20251S30Q3 号

书　　名：东坡大家讲
　　　　　Dongpo Dajia Jiang
编　　者：眉山三苏祠博物馆　封面新闻
丛 书 名：三苏文化丛书

出 版 人：侯宏虹
总 策 划：张宏辉
丛书策划：宋彦博　王小碧
选题策划：宋彦博　吴连英
责任编辑：吴连英　庞　韬
责任校对：李　梅
装帧设计：墨创文化
责任印制：李金兰

出版发行：四川大学出版社有限责任公司
　　　　　地址：成都市一环路南一段 24 号（610065）
　　　　　电话：（028）85408311（发行部）、85400276（总编室）
　　　　　电子邮箱：scupress@vip.163.com
　　　　　网址：https://press.scu.edu.cn
印前制作：四川胜翔数码印务设计有限公司
印刷装订：四川五洲彩印有限责任公司

成品尺寸：170mm×240mm
印　　张：14.75
字　　数：231 千字

版　　次：2025 年 5 月 第 1 版
印　　次：2025 年 5 月 第 1 次印刷
定　　价：68.00 元

本社图书如有印装质量问题，请联系发行部调换

扫码获取数字资源

四川大学出版社
微信公众号

序

点亮那束光

2022年6月8日，习近平总书记视察三苏祠并发表了重要讲话。他指出："一滴水可以见太阳，一个三苏祠可以看出我们中华文化的博大精深。我们说要坚定文化自信，中国有'三苏'，这就是一个重要例证。"总书记的讲话把三苏祠放在中华文化的大背景下来定位，把"三苏"放在文化自信的高度来标示。从时间维度来看，这是对三苏文化千年传承的总结和肯定，也是对三苏文化滋养当代并启迪后人的判断和昭示。从空间维度来看，"中国有'三苏'"，是相对于世界而言的，"三苏"是中国的，也是世界的，是中国有别于世界的一个文化符号，是中国文化自信的一个例证。

苏东坡在"三苏"中最为耀眼。作为一位世界文化名人，苏东坡的影响力不容小觑。2000年，法国《世界报》在全球范围内评选"千年英雄"，苏东坡入选。评选当时，关于苏东坡文章的撰写者是时任《世界报》副主编的让-皮埃尔·朗日里耶。2018年，他受邀到眉山参加东坡文化节。我和他进行过深度交流，问了他很多问题。其中一个问题是苏东坡在欧洲到底受不受欢迎，另一个问题是欧洲人为什么喜欢苏东坡。皮埃尔的回答是："在欧洲，只要懂一点中国文化或懂一点汉学的人都知道苏东坡。我们喜欢苏东坡有三点原因：一是独立的人格，二是自由的精神，三是平民的情怀。"2024年3月，由眉山和东方演艺集团联合打造的现代舞诗剧《诗忆东坡》先后在美国华盛顿肯尼迪演艺中心歌剧院、纽约林肯艺术中心大卫·寇克剧院进行了为期两周，共计8场的演出。我有幸随团前往。去之前，我有些担忧：美国人能否看懂中国现代舞，能否读懂苏东坡？去之后，我才觉得我的担忧似乎有些多余。演出现场，美国观众掌声之热烈，情绪之高亢，反响之强烈，超乎想象。一位现场观众说："我非常享受整场表演。倘若我对这部戏理解正确的话，我最受触动的地方还是苏东坡尝试用他的诗句来表达生活是循环往复、起伏不定，并最终归于平淡的，我们不应该整日为生活中的琐事所羁绊。我尤为喜爱其中那句'一蓑烟雨任平生'。"此次访演，美联社、美国新闻社、福克斯新闻等多家媒体进行了宣传报道，国外相关阅读量超过 1 亿次。中国驻美国大使馆专门致信感谢眉山市委、市政府："此次访演是落实两国元首旧金山会晤重要共识的务实举措。《诗忆东坡》立足中国传统文化、贴近国际市场和国际审美表达、大胆探索中外艺术融合，是中国传统文化创造性转化、创新性发展的成功实践，为推动中西文明交流互鉴作出了积极的贡献。"

从国内到国外，从古代到当代，苏东坡的影响一直都在。复旦大学教授朱刚曾说："每一个中国人若认真审视自己的精神世界，必会发现有不少东西是直接或间接来自苏轼，称他为中国人'灵魂的工程师'绝不过分。"在眉山，有一个地方叫老翁山，因埋葬了苏轼的父亲苏洵、母亲程夫人、妻子王弗，加上有苏轼、苏辙的衣冠冢，又名苏坟山；后因苏东坡所作词《江城子·乙卯正月二十日夜记梦》的词尾是"料得年年肠断处，明月夜，短松冈"，故这里又称短松冈。这是一个蕴含天地灵气、充满人间挚爱的神奇之地，千年来上演了很多动人的故事。这里有一个守墓人，名叫陶宗勤，当地农民，70 多岁了，已坚持守墓 40 余年，还时常带着孙子一起为墓地除草扫地，并用毕生精力写了一本《月映短松冈——苏洵家族墓地史话》。在这里，陶宗勤老人经常会遇见很多从全国各地前来祭拜的人，有的甚至夜宿于此。2023 年 6 月 9 日，陶宗勤老人在东坡先生衣冠冢前发现了一张手掌大小的便笺纸，背后用一张创可贴粘住两根牙签，插在坟前祭器中。纸面写着："东坡先生，泽被万世。谢谢你，成为照亮我生命的光！北京·清。"看到这些东西，听到这些故事，我时常在想：为什么那么多人千里迢迢来这里？这些人身上都发生了些什么故事？苏东坡到底带给了他们什么影响？短松冈也不是什么名山大川，它为什么总是深深地久久地打动着我们？

苏东坡是我国文化史上一位罕见的全才，是人类知识和才华发展到某方面极限的化身。他所创造的文化世界"波澜浩大，变化不测"（《吕氏童蒙训》），"力斡造化，元气淋漓，穷理尽性，贯通天人"（《宋孝宗御制苏文忠公集序并赞》），有"苏海"之称。千百年来，"苏海"中的泛舟者、戏水者、捕鱼者，更是代代无穷，生生不息，人山人海，甚为壮观。人们望苏、仰苏、景苏、思苏、式苏，无不表达着对这位先贤的喜爱和敬仰。如何让如此丰富宝贵的文化遗产更好地走进当代、走进百姓、走进生活，是时代赋予我们的课题，是历史交给我们的责任。三苏祠作为东坡文化的发源地和承载地，更是责无旁贷。经过长时间的酝酿和反复的思考，才有了"东坡大家讲"，邀请大家来东坡的家乡讲东坡、传东坡。大家者，既有大作家、大专家之意，也有众人、大伙儿之意。大咖可讲，你我也可讲，大咖的高度和深度加上众人的参与度，以期将东坡文化传播得更远、更深。2023年3月起，我们推出"东坡大家讲"（第一季），先后邀请了上海师范大学教授李贵、西南交通大学教授罗宁、南京大学教授莫砺锋等14名专家学者围绕苏东坡的政治理念、家教家风、人生哲学、文艺成就等，面向大众展开讲座，从多维度解读一个更为立体全面的苏东坡，并通过线上直播、传统媒体和新媒体同步推送，为社会呈献了一桌桌丰盛的精神大餐。

现将其讲座内容整理汇总，编辑出版，旨在汇聚大家的思想火花，以此点亮星空，照耀前行。感谢这些大家的倾心演讲，感谢封面新闻的倾力推广，感谢广大"苏粉"的倾情相爱！

陈仲文

眉山三苏祠博物馆馆长　眉山三苏文化研究院院长

目　录

跟着苏轼游宋朝

李贵　上海师范大学中文系教授

引言：从"江山之助"到"文助江山"

大家早上好！感谢三苏祠博物馆和"封面新闻"的邀请，让我有机会到三苏祠来，跟大家分享我对苏轼的研究和感受。能站在东坡盘陀像前和大家交流东坡的"苏学"，我深感荣幸。对于我来说，这也是一次"朝圣之旅"。

先问大家一个小问题，苏轼是公历哪一年出生的？没错，是公元1037年。但是请注意历法的转换。我们都知道，苏轼于北宋仁宗景祐三年阴历十二月十九日卯时出生在四川眉山。宋仁宗景祐三年的绝大部分时间相当于公元1036年，但苏轼的生日是十二月十九日，按照公历（阳历）的算法，那个时候已经进入1037年1月8日了。另外，苏轼于北宋徽宗建中靖国元年七月二十八日病逝于江苏常州。也就是说，公元1101年8月24日，苏轼去世。咱们中国人年龄的算法，是按虚岁，而且只要是正月初一前出生的，都算一岁；苏轼的生日虽然离过年只剩11天，但他出生那年就算是1岁。现在规范的标法，是将苏轼的生卒年写为1037年—1101年，但如果用1101减去1037，等于64，再加上虚岁1岁，那么苏轼享年65岁。但这是转换为公历的结果，给苏轼"折寿"了。按传统的历法，我们要用1101减去1036，等于65，再加上虚岁1岁，等于66岁，这才是苏轼的寿命。因此，根据传统算法，苏轼活了66岁。这个细节平常大家很少注意，其实需要重视。

今天这个讲座的题目是"跟着苏轼游宋朝"。这个题目我思考了很多年，想从历史、地理、文学三者结合的角度谈谈苏轼对宋朝各地的塑造。

　　关于文学与地理的关系，中国的传统说法是"江山之助"，意谓某个地方的地理环境帮助作家写出好作品。此说源出南朝梁代刘勰《文心雕龙·物色》："若乃山林皋壤，实文思之奥府，……然屈平所以能洞监《风》《骚》之情者，抑亦江山之助乎？"全篇通过对文学的发生过程和作家写作心理的描述，强调了自然环境对文学创作直接而重要的影响。其后，历代不同领域都有人对"江山之助""江山助人"说进行引用、阐释、补充和发挥，形成了强大的诗家话题和批评传统。这已是文学史常识。

　　但从中唐开始，文坛出现了相反的看法。人们逐渐觉得，自然的美需要人去发现，自然的不完美需要人去改造，所有地域的美都要靠人的书写才能彰显。主流的"江山助人"说被反转为"人助江山""文助江山"说。南宋人对文学塑造地域的重要作用有更自觉的认识。在宋人看来，正是人的书写使地理环境从物质空间（space）变成充满文化感和历史感的地方（place）。衍及明清，"地以诗传"成为时代话题。西方现代文化地理学家也持类似观点：文学作品不能简单地视为对某些地区和地点的描述，许多时候是文学作品帮助创造了这些地方。"人助江山"说突出了人的主体作用，"文助江山"说强调了书写的能动性和创造性，它们都从互动角度关注了文学—地理关系的另一面，是对主流地理诗学（文艺学）的辩证、补充和完善，自然地理随之变成人文地理。

　　苏轼36岁已自称"身行万里半天下"，其一生大起大落、几起几落，反复在朝—外任—贬居，足迹遍及宋朝的东西南北中。今天，我们就来看看苏轼如何通过书写塑造宋朝各地，顺便探索文学对地理的反向影响。

峨眉翠扫雨余天

　　苏轼的故乡眉山，即现在的四川省眉山市东坡区，位于岷江中游，曾经是成都府路眉州的州治所在地，北接成都，南连嘉州（南宋改为嘉定府，今四川乐山）。苏轼早年在蜀中应该书写过本地，但传世者不多。治平三年（1066），苏轼扶送亡妻和亡父的灵柩回故乡安葬；熙宁元年（1068），与苏辙一道离蜀还朝，这是苏轼最后一次出川，后来再未返乡。此后，他对西蜀的书写不再是即目所见，而是以回忆和比较的方法写出，其基本模式是：送人入蜀，则赞美故乡；感觉川外某地环境尚可，则称其近似故乡；彼处地理条件欠佳，则称其不如故乡。从青年到晚年，从直书所见到回忆想象，苏轼渐次建构起西蜀的自然和人文环境——山水青绿、物产丰富、民俗好游乐。

苏轼自称"万里家在岷峨"。他笔下的西蜀山水是那样迷人：

> 瓦屋寒堆春后雪，峨眉翠扫雨余天。（《寄黎眉州》）
> 吾家蜀江上，江水绿如蓝。（《凤翔八观》其五《东湖》）
> 襄阳逢汉水，偶似蜀江清。蜀江固浩荡，中有蛟与鲸。（《汉水》）
> 我家江水初发源，宦游直送江入海。（《游金山寺》）
> 已泛平湖思濯锦，更看横翠忆峨眉。（《法惠寺横翠阁》）
> 认得岷峨春雪浪，初来。万顷蒲萄涨渌醅。（《南乡子·春情》）

西蜀的山水一片青绿。苏轼《送杨孟容》诗："我家峨眉阴，与子同一邦。相望六十里，共饮玻璃江。"今检索历代文献，以"玻璃江"（"璃"或作"瓈"）指称岷江眉山段，状其水色之晶莹澄澈，应以苏轼此诗为最早。至南宋，"玻璃江"已成为眉山段蜀江之习称，至今犹然。

天府之国，物产丰富。苏轼留下了许多记载：

> 平湖种稻如西蜀。（《溪堂留题》）
> 正似醴泉山下路，桑枝刺眼麦齐腰。（《自昌化双溪馆，下步寻溪源，至治平寺二首》其一）
> 我时与子皆儿童，狂走从人觅梨栗。健如黄犊不可恃，隙过白驹那暇惜。醴泉寺古垂橘柚，石头山高暗松栎。（《送表弟程六知楚州》）
> 久客厌虏馔，枵然思南烹。故人知我意，千里寄竹萌。骈头玉婴儿，一一脱锦褓。庖人应未识，旅人眼先明。（《送笋芍药与公择二首》其一）
> 故人送我东来时，手栽荔子待我归。荔子已丹吾发白，犹作江南未归客。……想见青衣江畔路，白鱼紫笋（名茶）不论钱。（《寄蔡子华》）

水稻、桑蚕、麦子、梨子、栗子、橘子、柚子、竹笋、荔枝、白鱼、名茶，应有尽有。四川是著名的"海棠香国"，苏轼也不忘在诗中夸耀："陋邦何处得此花，无乃好事移西蜀。寸根千里不易致，衔子飞来定鸿鹄。"（《寓居定惠院之东，杂花满山，有海棠一株，土人不知贵也》）。

四川特有的两种蔬菜，更引人注意。一是蔓菁（芜菁/诸葛菜/大头菜）。苏轼《春菜》诗："蔓菁宿根已生叶，韭芽戴土拳如蕨。烂蒸香荠白鱼肥，碎点青蒿凉饼（凉面）滑。宿酒初消春睡起，细履幽畦掇芳辣。茵陈甘菊不负渠，鲙缕堆盘纤手抹。北方苦寒今未已，雪底波棱（菠菜）如铁甲。岂如吾蜀富冬蔬，霜叶露芽寒更苦。久抛菘葛犹细事，苦笋江豚那忍说。明年投劾径须归，莫待齿摇并发脱。"二是苦菜。苏轼《元修菜（并叙）》诗："菜之美者，有吾乡之巢，故人巢元修嗜之，余亦嗜之。"诗歌详细描述了苦菜的时节、性状、做法、美味及附加作用等。"彼美君家菜，铺田绿茸茸。豆荚圆且小，槐芽细而丰。种之秋雨余，擢秀繁霜中。欲花而未萼，一一如青虫。是时青裙女，采撷何匆匆。烝之复湘之，香色蔚其馥。点酒下盐豉，缕橙芼姜葱。那知鸡与豚，但恐放箸空。春尽苗叶老，耕翻烟雨丛。润随甘泽化，暖作青泥融。始终不我负，力与粪壤同。"

蜀中民俗如何？过年时，百姓有馈岁、别岁、守岁的习俗。苏轼的诗题就有解释："岁晚相与馈问，为馈岁；酒食相邀，呼为别岁；至除夜，达旦不眠，为守岁。蜀之风俗如是。余官于岐下，岁暮思归而不可得，故为此三诗以寄子由。"初七人日，蜀人有踏青的风气，见苏轼的《和子由蚕市》。此外，《和子由蚕市》记述了蜀中独特的蚕市，对民众好游乐的风气也有很好的概括："蜀人衣食常苦艰，蜀人游乐不知还。千人耕种万人食，一年辛苦一春闲。闲时尚以蚕为市，共忘辛苦逐欣欢。"

故乡是如此美好，令苏轼常常"梦寻西南路"。但那个时代，他终究还是要出川为官，实现人生价值。嘉祐四年（1059），苏轼第二次出川，船过乐山，作《初发嘉州》：

> 朝发鼓阗阗，西风猎画旆。故乡飘已远，往意浩无边。锦水细不见，蛮江清可怜。奔腾过佛脚，旷荡造平川。野市有禅客，钓台寻暮烟。相期定先到，久立水溅溅。

这首五言排律，抓住嘉州标志性的地理位置、山川形势和人文景观进行描写，真切、明晰、动人，即使没有题目，也能一读即知此为嘉州地貌，一诗在手，如展图经。全诗对"乐山大佛"的地理位置作了准确而有气势的描写，洋溢着苏轼自信的精神、开阔的气势和满怀的希望。

欲把西湖比西子

嘉祐二年（1057），苏轼、苏辙兄弟同科高中进士，嘉祐六年（1061）又在特设的制科考试中共获佳绩。随后，苏轼出任凤翔府（府治在今陕西宝鸡市凤翔区）签判，踏上仕途。宋英宗治平二年（1065），苏轼回到朝中，召试学士院，授职直史馆，看上去一帆风顺，前程似锦。

治平三年（1066），苏洵去世，苏轼兄弟自首都东京（今河南开封）扶父亲灵柩返家乡安葬，并居家丁忧（守丧）。在此期间，政治局势发生重大变化。在位仅四年的宋英宗英年早逝，由宋神宗继位，改元熙宁。熙宁二年（1069）二月，任王安石为参知政事（副宰相），开始推行"新法"，史称"王安石变法"。与此同时，二苏丁忧期满，重返朝廷。王安石认为，苏轼与自己的见解素来不合，为了不让他干扰新法施行，便安排他到官告院任闲职。

到了五月，科举改革的倡议出台，宋神宗要求官员们对此发表意见。苏轼奏上《议学校贡举状》，批驳科举新措施，宋神宗为此召见了他。宋神宗的召见引起王安石及其盟友的不满，他们派苏轼去担任开封府（今河南开封）推官，希望用大量的民事诉讼困住他。不料，苏轼精明能干，不仅扩大了自己在官府和民间的影响，还不耽误参政议政，写下了《上神宗皇帝书》，系统地阐明他对新法的反对意见。在此前后，司马光、富弼、韩琦等大臣都反对新法，北宋的政治力量由此分化成两大派别，支持王安石变法的形成"新党"，反对者则形成"旧党"，新旧两党从此相互倾轧，党争不断。

面对繁盛背后的社会危机，苏轼本来是要求变法的，但新法颁布后，他对多数措施都表示反对，遂被视为旧党人物，被王安石压制，也受到了新党人士的挟私报复，无奈请求外任，于宋神宗熙宁四年（1071）出任杭州（今属浙江）通判。

熙宁五年（1072），苏轼到达杭州通判任上；宋哲宗元祐四年（1089），又到杭州任知州。两次在杭州任职，苏轼写下了大量关于杭州历史、地理、文化、社会、人物的作品。虽然杭州在苏轼书写之前就已经很有名，但苏轼的作品使杭州的形象最终定型。

苏轼以一首七律《有美堂暴雨》完成了杭州的地理定位：

> 游人脚底一声雷，满座顽云拨不开。天外黑风吹海立，浙东飞雨过江来。十分潋滟金樽凸，千杖敲铿羯鼓催。唤起谪仙泉洒面，倒倾鲛室泻琼瑰。

"天外黑风吹海立"，化用杜甫《朝献太清宫赋》的句子"九天之云下垂，四海之水皆立"。"浙东飞雨过江来"，曾被认为是袭用了唐殷尧藩《喜雨》的成句，但现在已经被证实，确系苏轼原创，所谓殷尧藩《喜雨》诗则是后人集前人成句成诗，而伪托殷尧藩之名。前六句完整、凝练地写出了杭州的自然环境特征：有美堂在杭州吴山的最高处，诗人站在山顶看暴雨，风雨从东边的海上吹来，大雨越过钱塘江，落在西边的湖上，西湖因为突降暴雨而水势急涨，湖水快要溢出堤坝。苏轼仅用四十二字即勾勒出杭州的自然地理状况，准确完整地描写出了这座滨海山水城市的独特之处，可抵方志中一卷"山川志"，而概括之力则过之，其形象之美、气势之雄、精神之豪更是苏轼对杭州城市意象的独到创造。

苏轼《与堂兄三首》其三称："余杭风物之美冠天下。"其标志性景观则是西湖。中唐白居易已经有多篇作品书写西湖，西湖遂为世人所知，苏轼的书写则对西湖的文化地理塑造起到了定型的作用。其中最重要的贡献莫过于对西湖进行了"定妆"。熙宁六年（1073），苏轼作《饮湖上初晴后雨二首》，其二云：

> 水光潋滟晴方好，山色空蒙雨亦奇。欲把西湖比西子，淡妆浓抹总相宜。

这首诗将西湖在晴雨变化中各具美态的特征表现得异常具体、生动，让人印象深刻。苏轼把西湖比作美女西施，更是脍炙人口。他本人对此比拟颇为得意，反复使用，将瞬间直觉存为恒久记忆。《次前韵答马忠玉》还说"祇有西湖似西子"，强调二者联系的唯一性、排他性。"西湖比西子"迅即成为典故，在北宋后期到南宋的诗词中被频繁使用，宋人武衍感叹"除却淡妆浓抹句，更将何语比西湖"，清代众多批评家更是将其誉为空前绝后，推为"西湖定评"。苏轼的描写从此成为西湖的定评，他确立了西湖的视觉形象，设定了人们感知西湖的思维底色，并将其凝定为民族的集体记忆，西湖从此多了一个家喻户晓的别名——西子湖。

苏轼爱以秋、月、湖之组合为西湖造境，魏源《西湖夜游吟》其一说："逋仙但得此湖雪，坡老但得此湖月。白公但得此湖桃柳春，万古全湖究为何人设。"所论或有偏颇，却也道出了苏轼善写月下西湖的特色。南宋定"平湖秋月"为"西湖十景"之首，想必就是受苏轼作品影响。

作为美食家的苏轼，当然不会忘记杭州的美食。"只将菱角与鸡头""乌菱白芡不论钱，乱系青菰裹绿盘"，菱角、鸡头米（芡实）、白芡实、菰白，这些苏轼品尝过的杭州美食，现在仍然是杭州人民的日常食物。

苏轼是如此热爱杭州，甚至一度要以杭州为家。"未成小隐聊中隐，可得长闲胜暂闲。我本无家更安往，故乡无此好湖山。"（《六月二十七日望湖楼醉书五绝》其五）"居杭积五岁，自意本杭人。故山归无家，欲卜西湖邻。"（《送襄阳从事李友谅归钱塘》）以上诗句，在与故乡的对比中突出了杭州的美丽宜居。

如果说，白居易等人的作品让杭州名扬天下，那么，苏轼的书写则使杭州以风物之美冠绝天下，并使其形象结构化、系统化、定型化、国际化。北宋时期，杭州的社会声望达到高峰，苏轼的书写在其中起到了极好的引领作用。

黄州鼓角亦多情

苏轼通判杭州期间，奔波劳碌，为民造福，也写下了许多揭露新法扰民的作品。随后，他到密州（今山东诸城）、徐州（今属江苏）、湖州（今属浙江）任知州，在任之时为百姓做了许多实事、好事，受到宋神宗嘉奖，美名远播，多年的地方工作也让他对新法推行过程中产生的不良后果有了更具体深入的认识。

王安石变法具有进步意义，但它对宋朝的功过利弊至今犹有争议。朝廷在短时间内急剧推行多种新法，增加了政府收入，增强了国防力量，但由于施行过程中的运作不良和部分举措的不切实际，也在不同程度上损害了百姓的切身利益。苏轼身为地方官，目睹民间疾苦，从同情百姓、希望朝廷改正的善心出发，用笔将见闻感受记录下来，符合自古以来的"讽谏"传统。苏轼对新法的基本意见有：第一，操之过急，不利于稳定，不容易成功，他认为"法相因则事易成，事有渐则民不惊"（《辩试馆职策问札子二首》其二），应当以合乎"人性""人情"为基础，进行渐进式的改革。第二，执行不当，某些措施在实际执行中给基层百姓造成了很大的损失和负担，比如青苗法，各方争议最为激烈。第三，用人不当，"新党"中的许多人急功近利、结党营私，导致弊端丛生。第四，钳制思想，导致思想、学术、文化领域单调单一，变法的弊端也由于缺乏批评和监督而无法纠正。

随着新法的曲折推行，以吕惠卿为代表的"新党"中的少壮派也开始攻击王安石。熙宁七年（1074）到九年（1076）之间，王安石两次被罢免宰相职务，最终到金陵（今江苏南京）失意闲居。此后，宋神宗亲自主持新法政务，并把年号改为"元丰"，强力推行多种措施，企望快速成就丰功伟业。政治形势随即变得微妙起来。同是反对新法，以前只属于针对宰相的不同政见，算不上什么罪；现在则成了反对、批评皇帝，这可是重罪。宋神宗不能容忍这种批评和反对，他要惩罚对新法持异议的人。在反对阵营里，司马光地位高、影响大，但德高望重，且早已沉默不语，不便处理；而处理一般的人物，又起不到杀鸡儆猴的作用；苏轼在各地任职多年，诗文到处传诵，门生故旧颇多，在朝野上下声誉日隆，且官职级别和政治地位不太高，正是杀一儆百的最佳对象。于是，朝廷开始"收网"。

元丰二年（1079）七月初，御史台弹劾苏轼，并于月底到湖州将他逮捕，八月十八日押入御史台监狱，收监审讯。虽然御史台无法反驳苏轼在诗文中描写的事实，但仍然以他讥讽新法为由，指控他愚弄朝廷、辱骂皇帝、毫无君臣大义，要求将其处以死刑。苏轼在监狱里遭到强行逼供、通宵辱骂，命悬一线。大理寺判定苏轼本当判处两年徒刑，但因赶上朝廷的

"赦令"，应依法赦免，不必处罚。御史台对此强烈不满，提请审刑院复核。审刑院维持原判，并强调了"赦令"的有效性。最终，宋神宗下旨，将苏轼贬谪到黄州（今湖北黄冈）任闲职，受牵连的苏辙、司马光、曾巩等各有处罚。这就是中国历史上震惊朝野的文字狱——"乌台诗案"。苏轼于十二月二十八日出狱，在狱中度过了约130天，备受煎熬。

元丰三年（1080）二月，苏轼抵达黄州贬所，直到四年后才得以离开。期间，他备尝孤独、失落、抑郁和痛苦，身心受到沉重打击，但他融合儒家、佛教和道家思想，逐渐形成超然物外、旷达自适的世界观、人生观和方法论，在学术、文学和艺术上突飞猛进。而同时，苏轼对黄州的书写也大大提高了黄州的影响力。

按苏轼的说法，黄州本是"陋邦"，但他在《初到黄州》里说："长江绕郭知鱼美，好竹连山觉笋香。"看到长江绕城郭而过，就想到江里的鱼一定很美味；看到山上满山翠竹，就感觉到竹笋的鲜香。这是热爱美食、热爱生活的美食家的眼光，苏轼总能从平凡的生活中发现不平凡的美。

黄州赤壁的出现也是如此。赤壁是三国时期赤壁之战的发生地，一般认为旧址在今湖北嘉鱼。苏轼在黄州游览的是赤鼻矶，当地人以讹传讹，误传为周瑜大败曹操的赤壁。苏轼为了借景抒情的需要，将错就错，称其为"人道是三国周郎赤壁"。他先后写下了《念奴娇·赤壁怀古》《赤壁赋》《后赤壁赋》，此"一词两赋"，堪称"三咏赤壁成绝唱"。

其中，《念奴娇·赤壁怀古》是一首怀古词：

> 大江东去，浪淘尽，千古风流人物。故垒西边，人道是，三国周郎赤壁。乱石穿空，惊涛拍岸，卷起千堆雪。江山如画，一时多少豪杰！
>
> 遥想公瑾当年，小乔初嫁了，雄姿英发。羽扇纶巾，谈笑间，樯橹灰飞烟灭。故国神游，多情应笑我，早生华发。人生如梦，一尊还酹江月。

这首词既是英雄的赞歌，也是志士的呐喊。汉末建安十三年（208）的赤壁之战为魏蜀吴三国鼎立的局面奠定了基础，影响深远。三方的代表人物都称得上英雄豪杰，而其中起关键作用的就是古人所说的少年英雄，周瑜 34 岁，孙权 26 岁，鲁肃 36 岁，诸葛亮 28 岁，他们一起打败了 53 岁的曹操。尤其是周瑜，少年得志，英俊潇洒，又娶得国色女子，英雄配美人，在赤壁之战中指挥孙刘联军以少胜多，名震天下，代代相传，令人倾慕不已。而当时被贬黄州的苏轼已 40 多岁，当他听人指点说赤鼻矶一带就是当年的"周郎赤壁"，不由得感慨万千。上阕描绘壮美的山川景象，引出对创造辉煌功业的众多英雄的缅怀，以长江实景比喻历史长河，用雄壮景色烘托风流人物，时空广阔，气势恢宏。下阕集中描写周瑜少年英雄的形象，先用小乔初嫁勾勒周瑜正当壮年、风流倜傥的勃发雄姿，再用便服装束、谈笑破敌渲染他指挥若定的儒将风范，表现出对周瑜的由衷追慕之情，最后回顾平生，对比古今，抒发自己年近半百却壮志未酬的郁闷和愤慨。对不凡的历史如此多情，说明作者有着不凡的志气。因此，结尾"人生如梦"的感慨只是表达失意的无奈，并不消沉，在与历史、自然的对话中透露出奋发有为的豪情壮志，一股绝不泯灭的志气在其间持续流动，如同那滔滔不绝的江水。

《赤壁赋》大家都熟悉，但有的词语未必读懂了。比如，赋中说"月出于东山之上，徘徊于斗牛之间"，"斗牛"指斗宿和牛宿，都是二十八星宿之一，也是吴越地区的分野，月亮从东方升起，从黄州仰望，正好对应吴越地区。这句并非说月亮当时真的处在斗宿、牛宿之间，只是借斗牛的分野位置和"气冲斗牛"的典故，写月亮从东方慢慢升起、移动，渲染一种动态和气势。

《赤壁赋》通过主人和客人的对话，表现了个人思想由乐到悲又以乐作结的过程。苏轼受佛道思想的启发，局部地抛弃了其中极端的唯心主义成分，结合自然风景和历史人事，思考人与自然的关系，并指出：任何事物都同时具有短暂和长久这两面，人生也是如此，因此不必羡慕外物的长久而悲叹生命的短暂；同时，人来到世界没有携带任何东西，离开世界也不能带走任何东西，因此人不该占有不属于自己的东西；天地间的清风明月能给人带来美的享受，顺应自然、友爱自然、享受自然才是本来一无所有的人类最大的拥有。全赋表现出超然物外、随缘自适的思想，胸襟旷达，境界豪迈。

《后赤壁赋》的情绪由欢乐到悲伤、恐惧，再转到宁静、超越。这篇赋最突出的构思是影子、孤鹤、梦境以及梦中的道士。梦代表着苏轼对人生本质的认识，其余三者则是他自我认知的镜像，相当于镜子里面的自己。戛然长鸣的孤鹤就是划然长啸的苏轼的镜像，他们都是孤独的，但也都是超越的、自由的。自由不在别处，就在此处，此刻。

苏轼之前的地志未见有记黄州赤壁者。其后，南宋《方舆胜览》在黄州"山川"目下提及"赤壁山"，先辨其非周瑜赤壁，次引苏轼考辨之语，后录其一词两赋，足见此地成为地理标记实赖苏轼之杰作。由于是苏轼的多次书写赋予了其貌不扬的黄州赤壁全新的生命并使之名扬天下，故后世称之为"东坡赤壁"，又名"文赤壁"，以区别于三国赤壁之战的"武赤壁"。这是"文学创造地方"的典型代表。

元丰四年（1081）五月，苏轼在黄州城东门外山坡上获得一块废弃营地，效白居易忠州东坡之名，命名为"东坡"，带领全家开荒种地。次年二月，又在东坡山腰上建造五间草房，唤作"雪堂"，又名"东坡雪堂"。在此期间，苏轼开始自号"东坡居士"，"东坡居士"的形象由此诞生。苏轼以其亲自耕种的经历和《东坡八首》《东坡》等作品，创造了一个物质和精神二合一的文学空间——"东坡"。此外，其上的"雪堂"也举世闻名。

晚唐杜牧、宋初王禹偁皆写过黄州的优美和鄙陋，苏轼后出转精，有实景，有造景，"东坡"（含"雪堂"）和"赤壁"两地更是他通过文学作品创造出来的全新空间，最终定型为中国文化的精神高地，其文学成就远迈前人。南宋时，黄州知州韩之美、通判时衍之各赋《齐安百咏》，韩之美梦见二人，自言为杜牧和王禹偁，对他说："二君所赋，多是苏子瞻故实。如吾昔临郡时，可纪固不少，何为不得预？"自苏轼出，前人之黄州故实几被遗忘，足见苏轼的书写在整个黄州历史上具有压倒性的崇高地位。

南宋王十朋《游东坡十一绝》其四云："世重元之重竹楼，雪堂名更重黄州。西山草木尤光彩，一一曾经杖屦游。"北宋初期黄州知州王禹偁的诗文首先让广大读者知道了黄州，而被贬官流放的苏轼则全方位地提高了黄州的知名度。靠着苏轼的巨笔，黄州（以及长江对岸的武昌西山）名扬天下。

罗浮山下四时春

宋哲宗元祐更化时期，苏轼在短期内连续破格升级。然而好景不长，随后的绍圣时期，宋哲宗大肆贬谪旧党人物。绍圣元年（1094）四月，定州知州苏轼被贬谪广东英德。在远赴岭南途中，他不断接到新的贬谪命令，五改谪命，一次比一次严酷。同年六月，苏轼又被勒令到广东惠州安置，真应了他在作品中反复的喟叹："人生如梦。"

绍圣元年（1094）十月，苏轼到达惠州贬所，写下《十月二日初到惠州》：

> 仿佛曾游岂梦中，欣然鸡犬识新丰。吏民惊怪坐何事，父老相携迎此翁。苏武岂知还漠北，管宁自欲老辽东。岭南万户皆春色，会有幽人客寓公。

惠州当地的小吏和百姓热忱欢迎苏轼。苏轼被普通百姓的热情所感动，决定终老此地，转过身去，远离庙堂，走向民间，相信会有本地高士请他去做客饮酒。因此，虽然是初到贬所，苏轼的诗里却没有惊慌失措、怨天尤人，而是从容不迫、随遇而安。他故意选用"春色"来代指酒，用大范围的"岭南"来代替小范围的"惠州"，造出"岭南万户皆春色"这样的句子，其本意是指惠州家家户户都有酒，却具有初冬的南国已是满眼春色的引申意义，时空广阔，气象宏大，正是诗人豪雄旷达胸襟的外在表现。

岭南风物奇特，佳果美味。绍圣二年（1095），苏轼作《四月十一日初食荔枝》：

> 南村诸杨北村卢，白花青叶冬不枯。垂黄缀紫烟雨里，特与荔枝为先驱。海山仙人绛罗襦，红纱中单白玉肤。不须更待妃子笑，风骨自是倾城姝。不知天公有意无，遣此尤物生海隅。云山得伴松桧老，霜雪自困楂梨粗。先生洗盏酌桂醑，冰盘荐此颒虬珠。似闻江鳐斫玉

柱，更洗河豚烹腹腴。我生涉世本为口，一官久已轻莼鲈。人间何者非梦幻，南来万里真良图。

诗里的拟人手法很巧妙。荔枝果实的外壳呈红色，果壳内壁连着白膜的花纹是紫红色，果肉白色半透明，苏轼据此把荔枝比作仙女，她外穿深红色丝绸上衣，内穿红色纱衣，肌肤像玉一样晶莹洁白。绍圣三年（1096），苏轼所作的《食荔枝》更是脍炙人口：

罗浮山下四时春，卢橘杨梅次第新。日啖荔枝三百颗，不辞长作岭南人。

枇杷、杨梅、荔枝次第登场，何人不爱！惠州当地四时热，不可能是"罗浮山下四时春"，这是苏轼的艺术夸张。诗的开头，如果写作"惠州当地"，会更加明晰，也更符合平仄要求。可苏轼为什么要说"罗浮山下"？罗浮山地处今天惠州市的博罗县，绵延100多千米，可以作为惠州的代表。而且罗浮山历史悠久，面积广大，高峻翠绿，被称为南粤群山之祖，一向被视为神仙之山、文化之山，使用罗浮山来指称惠州，不仅交代了惠州的地理环境，还使诗歌具有了历史文化背景。"罗浮山下"四字，一开头就将诗歌置于空阔无边的时空之中，提供了从高处俯瞰的视角，使视野变得开阔，诗人和读者的胸襟也随之高远。惠州属于热带气候区，常年高温多雨，气候湿热，苏轼却写这里四季如春，传达出春意盎然、生机勃勃的涌动气象。接下来说南国佳果，苏轼用"次第新"三个字，就把枇杷、杨梅以及后面的荔枝在春末夏初依次成熟的情形写得非常生动热闹。新鲜美味的水果一种接一种，排着队似的依次登场，人们每天都可以品尝时鲜美味，好一派热闹丰收的美好景象！面对此情此景，苏轼不禁发出感叹：每天能吃三百颗荔枝，真好啊，我也不推辞永作岭南之人了。他曾经在题跋里说，世间流传的王献之书帖，上面有"黄柑三百颗"之语，韦应物的诗也写道："书后欲题三百颗，洞庭须待满林霜。"苏轼在这里巧妙地借用了古人的典故，夸张风趣，表现了他对荔枝的由衷赞美，非常传神，传达出了浓厚的生活情趣，笔墨堪称触处生春。

苏轼的《西江月·梅花》虽是悼念爱妾朝云的，但也描写了奇特的南国风物：

> 玉骨那愁瘴雾，冰姿自有仙风。海仙时遣探芳丛，倒挂绿毛么凤。
> 素面翻嫌粉涴，洗妆不褪唇红。高情已逐晓云空，不与梨花同梦。

苏轼在其他地方说过："岭南珍禽，有倒挂子，绿毛红喙，如鹦鹉而小，自东海来，非尘埃中物也。"这种岭南珍禽绿毛红嘴，体型似鹦鹉而小，从海上飞来，超凡脱俗，栖息时倒挂在树枝上。又据宋人记载，岭南的白色梅花，花叶四周都是红色，因此即使凋谢了，叶子还有红色，所以说"不褪唇红"。文学塑造世界，也创造生命。通过苏轼的书写，岭南梅花获得了全新的、长久的生命，朝云也随之获得了新生。

苏轼发现南国的风物之美、日常之乐，创造出了一个四季如春、奇珍不断、生活闲适的全新岭南。中唐韩愈《县斋读书》说："南方本多毒，北客恒惧侵。"这代表了中原主流社会对岭南风土的恐惧和歧视。苏轼《与王敏仲十八首》其七则说："江山之观，杭、越胜处，但莫作万里外意，则真是，非独似也。"《和陶时运四首》其一又说："我视此邦，如洙如沂。"在苏轼眼里，惠州不仅有两浙一般的美丽景观，而且文化昌盛，近似邹鲁之邦。这就彻底翻转了强加在岭南头上的偏见，表明岭南不是蛮荒之地，而是奇异之地、闲适之所、文化之邦。苏轼是西湖的命名者、惠州形象的建构者、岭南声名的平反者。清末江逢辰《和杨诚斋韵》赞扬苏轼对惠州之恩："一自坡公谪南海，天下不敢小惠州。"所言极是。

苏轼在惠州有《纵笔》诗：

> 白头萧散满霜风，小阁藤床寄病容。报道先生春睡美，道人轻打五更钟。

该诗传达出晚年苏轼在惠州随遇而安、与当地三教九流打成一片的生活状态。据说，他的政敌读到后非常不满，要置他于死地，于是把他继续贬到了海南儋州。"白头萧散满霜风",苏轼似乎对自我的这个形象很满意,到了海南还是这个"自画像"。

快意雄风海上来

海南在今天是中国深化改革开放的前沿热土,可在当时却是中原人士闻之色变的蛮荒之地。历尽宦海浮沉的苏轼从容面对,他觉得让他去海南,是"天其以我为箕子"。在《吾谪海南,子由雷州,被命即行,了不相知,至梧乃闻其尚在藤也,旦夕当追及,作此诗示之》中写道:"天其以我为箕子,要使此意留要荒。他年谁作舆地志,海南万里真吾乡。"箕子是谁?周朝的时候,周天子封箕子于朝鲜,即所谓的"箕子入朝鲜"。苏轼觉得自己到海南就像是箕子去朝鲜半岛一样,都是去开化一个蛮荒之地,而且是天让我去的,并不是皇帝或者谁让我去,这是上天的旨意。这是苏轼对"我是谁"的更深层的认识。

儋州是苏轼的第三个贬所。从琼州到儋州途中,他作诗《行琼、儋间,肩舆坐睡,梦中得句云:千山动鳞甲,万谷酣笙钟。觉而遇清风急雨,戏作此数句》:

> 四州环一岛,百洞蟠其中。我行西北隅,如度月半弓。登高望中原,但见积水空。此生当安归,四顾真途穷。眇观大瀛海,坐咏谈天翁。茫茫太仓中,一米谁雌雄。幽怀忽破散,永啸来天风。千山动鳞甲,万谷酣笙钟。

开头两句"四州环一岛,百洞蟠其中",朝廷管辖的四个州环绕在海南岛周围,上百个黎洞、众多的黎族百姓分布在中部地区。宋朝对海南岛的管治和开发,以机构建置为区隔,从周围沿海到中部山区,大致形成三个分布带,即汉族聚在沿海四周,"生黎"盘踞中心山区,"熟黎"介于二者之间,形成一个汉黎环形开发区。初来乍到的苏轼精准地描绘出此种格局,今人研究宋朝的海岛经营,即引用此二句为证。诗的前八句描写经行路线和地理环境,流露出走投无路的悲凉"幽怀"。接下来四句承接"四顾真途穷"，用邹衍和庄子的思想来观察时空变化，平等地看待所处环境的差异，试图消解"幽怀"，超越令人绝望的现实处境。此后转向"清风急雨"的自然现象，用瑰奇的比喻和奇异的想象描写岛上壮观的景象，照应了题目的"梦中"。最后四句，自我叹赏诗作工巧高妙，处境越困厄，越相信自我的才华和价值，兀傲的豪气喷薄欲出。全诗结构宏大而前后勾连，时空广阔而转换自如，气象壮阔，想象奇丽，语意双关，奇趣横生，与天风海雨的自然环境相得益彰，新人耳目，动人心魄。

《儋耳》诗对海南岛上热带风雨的描述也精确传神：

> 霹雳收威暮雨开，独凭栏槛倚崔嵬。垂天雌霓云端下，快意雄风海上来。野老已歌丰岁语，除书欲放逐臣回。残年饱饭东坡老，一壑能专万事灰。

夏秋季节，热带海岛上每多雷雨，下午常晴空霹雳，雷电交加，风雨大作，而后又雨收日呈，彩虹悬挂在空中，一如苏轼所述。三四句说，挂在天边的彩虹从云端垂下，让人爽快舒适的凉风从海上吹来，此情景非海南莫属。雨过天晴，云开雾散，彩虹垂天，凉风从海上吹来。夕阳下，一位饱经风霜的老人独自凭栏远眺，身后是高耸的山峰，老人高峻的雄姿屹立在天地之中，默默无语，一股足以抵抗任何困难和打击的浩然之气在逐渐弥漫。

到了天涯海角，善于发现美食的苏轼也无计可施了。当地蛮荒落后，苏轼生活异常艰苦。他给朋友写信说："此间食无肉，病无药，居无室，出无友，冬无炭，夏无寒泉，然亦未易悉数，大率皆无耳。"真是要什么没什么。当地人吃什么呢？他告诉弟弟苏辙："五日一见花猪肉，十日一遇黄鸡粥。土人顿顿食薯芋，荐以熏鼠烧蝙蝠。旧闻蜜唧尝呕吐，稍近虾蟆缘习俗。"别说苏轼听到就呕吐，我们今天读到也受不了。幸好儿子苏过用山芋做羹，苏轼觉得"色香味皆奇绝"，命名为"玉糁羹"，可谓善于发现生活之美的典型。

苏轼随遇而安，渐渐发现了海南的美。他描写了众多的海南风物：荔枝、椰子（椰子冠）、槟榔、勒竹、菊、刺桐、吉贝、芙蕖（荷花）、秔（jīng）稌（tú）、薯、芋、桄榔、沉香……也表现了黎汉一家亲的生活场景。《和陶拟古九首》其一："黎山有幽子，形槁神独完。负薪入城市，笑我儒衣冠。生不闻诗书，岂知有孔颜。翛然独往来，荣辱未易关。日暮鸟兽散，家在孤云端。问答了不通，叹息指屡弹。似言君贵人，草莽栖龙鸾。遗我吉贝布，海风今岁寒。"《用过韵冬至与诸生饮酒》："华夷两樽合，醉笑一欢同。"《被酒独行，遍至子云、威、徽、先觉四黎之舍，三首》其一："半醒半醉问诸黎，竹刺藤梢步步迷。但寻牛矢觅归路，家在牛栏西复西。"其二："总角黎家三四童，口吹葱叶送迎翁。莫作天涯万里意，溪边自有舞雩风。""莫作天涯万里意，溪边自有舞雩风"二句，写溪风习习，感觉自己和黎族孩子们在一起的情景宛若古代哲人所向往的人生理想境界，顿忘身处天涯。其三："符老风情奈老何，朱颜减尽鬓丝多。投梭每困东邻女，换扇惟逢春梦婆。"

《减字木兰花·己卯儋耳春词》是对海南春天的礼赞：

> 春牛春杖，无限春风来海上。便丐春工，染得桃红似肉红。
> 春幡春胜，一阵春风吹酒醒。不似天涯，卷起杨花似雪花。

王水照先生说这是词史上"对海南之春的第一首热情赞歌"，在古代诗词题材中有开拓意义。的确，苏轼以欢快跳跃的笔调，描绘出边陲绚丽的春光和充满生机的大自然，尤其是用中原常见、海南所无的雪花来比拟海南早见的杨花，见出海南景色与中原无异，从而发出"不似天涯"的感叹。这实在是对海南形象的全新创造。

最终，苏轼以切己的地理感知破除了千百年来人们加诸海南的歧视性偏见，塑造出一个风土奇异、黎汉和美、民众长寿、海天豪雄、春意无限的全新海岛形象。此前，世人皆视海南为蛮荒僻远之"天涯海角"，宋灭南汉后，太祖对宰相说起海南，即说其地"遐荒炎瘴"，可谓对海南地位的"钦定"。苏轼却一扫前人咏海南惯有的天涯流落之悲，以欢快跳跃的笔调，描绘出边陲孤岛生机勃勃、全国最早的绚丽春光，并明确宣告其不是天涯、与中原无异。得益于苏轼的塑造，海南不再是令人畏惧的蛮荒极边之地，而是令人向往的宏阔奇绝之境，一如他在《六月二十日夜渡海》里总结的那样："兹游奇绝冠平生。"

结语：文学助江山不朽

苏轼的作品形塑、创造了宋代的许多地方。除了上述西蜀、杭州、黄州、惠州和儋州，他对东京、凤翔、徐州、密州、扬州、定州等地也着墨较多。他书写宋朝各地，描绘当地的地理特征，建构地方形象，造就观念空间，投射心理结构，捍卫多元化和包容性，体现出宋朝历史过程的空间维度以及历史在空间中的嵌入方式，吸引了无数读者投入其中。他所塑造的宋朝各地形象是对现实的精准描摹，足以让人获知真切的地理状况，但同时，也蕴涵了个体的视点和体验，是一种真实与想象相融合的创造性空间，一个展现心灵与大地具体关系的世界。透过他的地方书写，人们看到了一个空间化、在地化、去中心化的宋朝，并领悟着其中承载的丰富复杂的记忆、传说、想象和意义。

几处纪念苏轼的坡公祠都有这样一副长联：

一生与宰相无缘。始进时魏公误抑之；中岁时荆公力扼之；即论免役，温公亦深厌其言。贤奸虽殊，同怅君门违万里。

到处有西湖作伴。通判日杭州得诗名；出守日颍州以政名；垂老投荒，惠州更寄情于佛。江山何幸，但经宦辙便千秋。

上联概括了苏轼一生的仕途遭遇。下联说的是苏轼所到之处多西湖，结尾说只要苏轼到达、书写过某地，该地随即千古扬名，江山何其有幸！此联语也隐含了"文助江山"的说法，道出了一个文化地理学的现象：苏轼的作品形塑了宋代的许多地方。他以各地的地理、历史和社会为参照物，用多样的文体、海量的作品、精妙的表达，编织起地方的风貌、世界的秩序和空间的意义，其地理感知和地理表达的杰出成就堪为"文助江山"之代表。

苏轼是中国历史上少有的百科全书式的文化巨人。宋朝远去了，苏轼远去了，但苏轼的文化创造至今还在。其本人成为中国读书人的精神典范，其作品成为中华民族和汉字文化圈的经典。当他在世时，他的作品多次被控告、查禁、毁板，他本人反复被诬陷、迫害、贬谪，但他的作品永远流传。政治是一时的，文化是永恒的。他坚持独立之精神、自由之思想，虽九死一生，仍不忘初心，始终旷达乐观，筑起了一个读书人的文化尊严。

学典故，读苏诗
——解密『玩梗』高手苏东坡

罗宁　西南交通大学人文学院教授

苏轼的诗歌是广为人们喜爱的。它有一个特点，也可以说是一个"毛病"，那就是好用典故。这增加了现代人理解苏轼诗歌的难度，提高了现代人亲近他的门槛。今天我们肯定不可能在这短短的时间内，完全讲清楚苏诗中的典故，让大家以后读苏诗就不头疼了。只希望大家能注意到苏诗的典故，从这个角度去切入诗歌。其实不只是苏诗，所有的古典诗歌都存在这个问题。我们应该认识到，典故在古典文学中的重要性，超过了一般人的理解和想象。现在有很多人会把典故当成阅读诗歌时令人讨厌的障碍物，其实并不是这样。典故好比我们今天说的"梗"。年轻人在网络上玩梗的时候，不会觉得这是讨厌的障碍物吧。其实对古人来说也是一样的，典故不是障碍物，不仅作者很愿意使用，古代的读者也喜欢看。

在中小学课堂上，语文教学其实并不太重视典故。从学生的角度而言，典故也更像是一种令人讨厌的东西，他们通常会跳过它、忽略它。但古代人在学习的时候，对这一类的知识却非常重视。古代诗歌的写作和阅读，建立在古代诗人共有的文学和文化常识之上，这些常识包括古书中的故事、知识、语句、诗句，以及一些具有特定文化意蕴并常见于文学写作的词汇辞藻，这些都可以称为典故。古代文学中的典故和辞藻，与当今年轻人常说的"梗"有很多共通之处。我们只要能理解为什么有现在的"梗"，就能理解古人为什么要用典故了，它们在心理机制和文化机制上有相似之处。今天的读者面对古代诗歌常常觉得自己读不太懂，或读不出其中微妙、丰富的意蕴，这大多是因为不了解其中的典故，看不出诗人用典的巧妙和用心之处，换句话说，就是不知道其中的"梗"，不知道古代诗人是怎样"玩梗"的。东坡就是一个用典高手，我们也可以说他是"玩梗"的高手。

苏轼的诗约 2800 首，词 300 余首。这个数量在宋代诗人里算是比较多的了。他的诗和词里绝大部分都有典故。一般来说，一首作品里的典故还不只一两个，而是有很多。如他的《寒食雨二首》其一：

> 自我来黄州，已过三寒食。年年欲惜春，春去不容惜。今年又苦雨，两月秋萧瑟。卧闻海棠花，泥污燕支雪。暗中偷负去，夜半真有力。何殊病少年，病起头已白。

这首诗中，"暗中偷负去，夜半真有力"这一联最难解。诗歌前半部分很好理解，他来到黄州三年，在寒食雨时看海棠花，伤感海棠花的零落。面对这突然的一句，如果不知道背后的典故，就很难理解了。其实，这一联是暗用《庄子》的典故。《庄子》本来是说"藏舟于壑，藏山于泽"，东西看起来藏得很严、很隐秘，万无一失，但"夜半有力者负之而走"，忽然就没了。苏轼用此典故，意不在"藏"，也不在"有力者"，而在于"偷负去"，时间悄悄地"走"了，海棠花的美丽消失了，这是对年华逝去的感叹。如果我们不知道《庄子》中这个典故以及苏轼用典"玩梗"的意图，读到这里就会卡住。

现在我们来详细说说苏诗的典故。苏轼诗歌用典，我总结为三个特点：使用密集，来源广博，运用巧妙。当然，古人很早就已经讨论过这三个特点了。如宋代的《漫叟诗话》就说："东坡最善用事，既显而易读，又切当。"黄彻《䂬溪诗话》也说："坡集有全篇用事者，如《贺人生子》……《戏张子野买妾》……句句用事，曷尝不流便哉！"在这些宋人看来，东坡诗哪怕句句用典，读起来依然流畅。

关于苏诗用典之广博，古人也有过不少评价。如清代邵长蘅《施注苏诗·例言》说："诗家援据该博，使事奥衍，少陵之后，崖见东坡。盖其学富而才大，自经史四库，旁及山经地志、释典道藏、方言小说，以至嬉笑怒骂，里媪灶妇之常谈，一入诗中，遂成典故。"这是说苏诗用典广博，典故来自四面八方，不仅仅是经史子集的四库等。莫砺锋老师总结"苏诗用典的突出优点"，就是"广博、精确和深密"，同时他还提出一个词来形容苏轼的特点，叫"博典"。至于运用巧妙，我们将结合具体的作品来看。下面我们先按典故的来源，即经史子集、小说、佛道书籍，来讲讲苏诗用典，然后举一些苏轼用《世说新语》典故的例子，来讲他用典的巧妙之处，以及这些用典给后代诗人带来的影响。

经书中的典故和辞藻

来看这首《六月二十日夜渡海》：

> 参横斗转欲三更，苦雨终风也解晴。云散月明谁点缀，天容海色本澄清。空余鲁叟乘桴意，粗识轩辕奏乐声。九死南荒吾不恨，兹游奇绝冠平生。

这首诗是苏轼从海南岛渡海到雷州半岛，去世前一年所写，是苏轼的名篇，最后两句尤其有名。这时，苏轼结束了海南岛的艰辛磨难，终于渡海回到内陆。在这个阶段，他写的诗依然穿插了非常多的典故。我们来看一下这首诗中的用典：

"苦雨终风"一句，用的是《左传·昭公四年》"春无凄风，秋无苦雨"和《诗经·邶风·终风》"终风且暴，顾我则笑"的典故。第二联"云散月明谁点缀"看似平常话语，其实也暗中使用了《晋书·谢重传》中的典。第三联中"鲁叟乘桴"用了《论语·公冶长》中孔子说"道不行，乘桴浮于海"的典故，"粗识轩辕奏乐声"则用的是《庄子·天运》中"北门成问于黄帝曰：'帝张咸池之乐于洞庭之野'"的典故。最后，尾联用了屈原《离骚》"亦余心之所善兮，虽九死其犹未悔"。可见，苏轼写诗几乎是句句用典。

史书中的典故和辞藻

再来看《狱中寄子由二首》其二：

> 柏台霜气夜凄凄，风动琅珰月向低。梦绕云山心似鹿，魂飞汤火命如鸡。眼中犀角真吾子，身后牛衣愧老妻。百岁神游定何处，桐乡

知葬浙江西。

这是苏轼因"乌台诗案"入狱后写的诗，在那样的困境下，苏轼依然大量用典。苏轼当时在狱中受到了很多磨难。按我们现在的想法，在这样的危急关头，他的内心应该是恐慌的、焦急的，需要直抒胸臆，为什么还要绕来绕去用这么多典故？但这就是苏轼写诗的风格。

"柏台"出自《汉书·朱博传》："是时御史府吏舍百余区，……其府中列柏树，常有野乌数千栖宿其上，晨去暮来。"汉代御史台有柏树，上面常有乌鸦，后来人们就把御史台称为"柏台"，也称"乌台"。当时，苏轼在御史台被审问关押了几个月，所以称为"乌台诗案"。

"梦绕云山心似鹿"，有人把"心似鹿"理解为心里有小鹿在跑，这是现代人的理解，古文中没有这个意思。之前我和李贵老师、朱刚老师讨论过这个问题，李贵提出这里应该是"性似鹿"，性格的"性"。"与麋鹿同群"这个说法南北朝就有人在用了，唐代人开始用作典故，李白、杜甫都有使用，表示自己的心性近似麋鹿，认为自己本性是自然的，适宜生活在山林之中。苏轼在其他诗中也多次表达过这个意思，如"我本麋鹿性，谅非伏辕姿"，"我坐华堂上，不改麋鹿姿"等。

"犀角"一句，我更同意苏轼是在使用史书中杜悰的典故。《新唐书·杜悰传》说："悰于大议论往往有所合，然才不周用。虽出入将相，而厚自奉养，未尝荐进幽隐，佑之素风衰焉，故时号'秃角犀'。"但苏轼这里并非要表达自己的孩子是不好的"秃角犀"，只是在说孩子已经成长了，自己感到宽慰。这是典故的活用。

说完孩子，下句又说妻子，用到了"牛衣"的典故。《汉书·王章传》："初，章为诸生学长安，独与妻居。章疾病，无被，卧牛衣中，与妻决，涕泣。其妻呵怒之曰：'仲卿！京师尊贵在朝廷人谁逾仲卿者？今疾病困厄，不自激卬（昂），乃反涕泣，何鄙也！'后章仕宦历位，及为京兆，欲上封事，妻又止之曰：'人当知足，独不念牛衣中涕泣时耶？'"牛衣就是给牛披着御寒的类似衣服的蓑衣。王章这个人一开始很穷，生病了只能用牛衣来当被子。所以"牛衣"的典故可用于指代贫穷。

"桐乡"一句，苏轼有自注："狱中闻杭、湖间民为余作解厄道场者累月，故有此句。"同时，他也用了《汉书·朱邑传》中的典故。朱邑临死前说："我故为桐乡吏，其民爱我，必葬我桐乡。后世子孙奉尝我，不如桐乡民。"后来，他就葬在桐乡（不是现在浙江的桐乡）。苏轼曾通判杭州，在湖州也做过知州。这里说到桐乡，倒不一定是说苏轼想葬在桐乡，而是借用来说自己曾经在杭州、湖州两地为官，有幸得到两地百姓爱戴，十分感念他们，那里是他非常喜爱的地方。

子书中的典故

前面已经提到一个取自《庄子》的典故，这首著名的作品——《自题金山画像》同样取典《庄子》：

心似已灰之木，身如不系之舟。问汝平生功业，黄州惠州儋州。

这首诗是苏轼去世那一年写的，他在金山看到自己的画像，写了一个像赞，我们也可以把它看作诗。宋代的沈作喆说："黄鲁直离《庄子》《世说》一步不得。"它的意思是黄庭坚不用《庄子》和《世说新语》中的典故就写不了诗，其实苏轼同样如此。这首诗中的前两句，就使用了《庄子·知北游》"形若槁骸，心若死灰"，《庄子·齐物论》"形固可使如槁木，而心固可使如死灰乎"，以及《庄子·列御寇》"饱食而遨游，泛若不系之舟"等典故。

别集中的典故

所谓用别集中的典故，也就是使用或化用前人的诗句，这里简单列举一些：

苏诗源自别集的典故示例

苏诗	别集
安得山泉变春酒，与子一洗寻常债。	杜甫：酒债寻常行处有，人生七十古来稀。
是身如浮云，安可限南北。（用原句）	杜甫：是身如浮云，安可限南北。
相将叫虞舜，遂欲归蓬莱。	杜甫：回首叫虞舜，苍梧云正愁。
不须更待秋井塌，见人白骨方衔杯。	杜甫：忽忆雨时秋井塌，古人白骨生青苔，如何不饮令心哀。
退笔成山未足珍，读书万卷始通神。	杜甫：读书破万卷，下笔如有神。/书贵瘦硬方通神。
君家自有元和脚，莫厌家鸡更问人。	刘禹锡：柳家新样元和脚，且尽姜芽敛手徒。 柳宗元：闻道近来诸子弟，临池寻已厌家鸡。
卧闻疏响梧桐雨，独咏微凉殿阁风。	孟浩然：微云淡河汉，疏雨滴梧桐。 柳公权：薰风自南来，殿阁生微凉。
路傍小儿笑相逢，齐歌万事转头空。	白居易：百年随手过，万事转头空。
十载飘然未可期，那堪重作看花诗。	杜牧：十载飘然绳检外，樽前自献自为酬。

我们看《次韵朱光庭初夏》："卧闻疏响梧桐雨，独咏微凉殿阁风。"上一句是从孟浩然的句子变来的，下一句是从柳公权的句子变来，还是一联对仗的句子。苏轼不仅要把这两句进行组装颠倒，还要兼顾对仗，这真是很厉害。

再看来《安国寺寻春》：

> 卧闻百舌呼春风，起寻花柳村村同。……病眼不羞云母乱，鬓丝强理茶烟中。……玉川先生真可怜，一生耽酒终无钱。病过春风九十日，独抱添丁看花发。

这首诗里，"起寻花柳村村同"出自杜甫《遭田父泥饮美严中丞》："步屧随春风，村村自花柳。""鬓丝强理茶烟中"出自杜牧《题禅院》：

"今日鬓丝禅榻畔，茶烟轻飏落花风。""玉川先生真可怜，一生耽酒终无钱"出自卢仝《叹昨日三首》其二："天下薄夫苦耽酒，玉川先生也耽酒。薄夫有钱恣张乐，先生无钱养恬漠。""病过春风九十日，独抱添丁看花发"出自卢仝《示添丁》："春风苦不仁，呼逐马蹄行人家。惭愧瘴气却怜我，入我憔悴骨中为生涯。数日不食强强行，何忍索我抱看满树花。"

可能有人会问，有没有可能有些句子只是大家想到一起去了呢？我认为也许存在个别情况，但大部分时候，诗人是有意地使用来自前人的诗句，而非不小心"撞车"。

小说中的典故

小说在古代原本属于子部，是用来记录见闻的。自唐宋以来，小说的数量非常多，内容也极为丰富，这使得宋代人很喜欢在里面寻找新鲜的材料。我们先看苏轼这首《章质夫送酒六壶书至而酒不达戏作小诗问之》：

> 白衣送酒舞渊明，急扫风轩洗破觥。岂意青州六从事，化为乌有一先生。空烦左手持新蟹，漫绕东篱嗅落英。南海使君今北海，定分百榼饷春耕。

这首诗非常有意思，呈现出标准的东坡幽默范式，我们只有理解了其中的典故，才能理解苏轼的幽默感。这首诗是苏轼在广东惠州所写。章质夫是广州的地方官。某次，他送酒给苏轼。但苏轼收到包裹后，却发现它只是个空箱子，酒早没了。于是，苏轼就给他开了个玩笑，写了首小诗问问究竟怎么回事。

首联用了一个陶渊明的典故。《续晋阳秋》："陶潜尝九月九日无酒，宅边菊丛中，摘菊盈把，坐其侧久。望见白衣至，乃王弘送酒也。即便就酌，醉而后归。"陶渊明喜欢饮酒，但九月九日那天没酒，他坐在菊丛中赏花时，突然看到身着白衣的人前来送酒。这是一件地方官给文人送酒的雅事，苏轼将其挪用到了自己这件事上。苏轼知道有人送酒来，很是高兴，赶紧打扫自己的屋子，把破酒杯洗干净，等着酒的到来，但他却只收到信，没收到酒。于是，他就以"玩梗"的方式记录下了这件趣事。

"岂意青州六从事，化为乌有一先生。""乌有先生"这个典故出自司马相如的赋。现在，我们主要说说"青州从事"。《世说新语》里写："桓公有主簿善别酒，有酒辄令先尝，好者谓'青州从事'，恶者谓'平原督邮'。青州有齐郡，平原有鬲县，'从事'言到脐，'督邮'言在鬲上住。"它的意思是：桓温有个主簿很擅长辨别酒的好坏，但凡有酒就要先给他品鉴。主簿将好酒命名为"青州从事"，将劣酒命名为"平原督邮"。因为青州有个地名叫齐，而好酒一喝就能到肚脐处，所以取名叫"青州从事"。"平原督邮"则相反，这酒一喝就在"鬲"上停住了，是品质差的表现。这个比喻相当有意思，是魏晋时期的一则风流轶事，在唐时已很少有人引用这个典故。正是苏轼的这次使用才使它真正地被发扬光大，宋人特别称赞苏轼的这句诗，称其对仗工整，又非常巧妙。

"空烦"一句，是说苏轼手里拿着螃蟹空等，典出《世说新语》："毕茂世云：一手持蟹螯，一手持酒杯，拍浮酒池中，便足了一生。"这是一个酒徒的狂话，说他一只手拿着螃蟹，一只手举着酒杯，在酒池中游泳，这一生就心满意足了。苏轼用这个典故则是说自己螃蟹都准备好了，结果酒却没了。"漫绕"一句用的是陶渊明诗的"采菊东篱下，悠然见南山"，及《桃花源记》的"落英缤纷"，也都是在说自己做好了饮酒的准备。

最末，"南海使君今北海"用了孔融的典故。章质夫这时是广州知州，故称南海使君。孔融曾为北海相，十分好客，常感叹说："坐上客恒满，樽中酒不空，吾无忧矣。"苏轼将章质夫比作孔融，称其慷慨好客。接着又说"定分百榼饷春耕"，意思是他相信章质夫定会在春耕时分再次送酒来。这里的"百榼"出自《孔丛子》："尧舜千钟，孔子百觚，子路嗑嗑，尚饮十榼。古之圣贤，无不能饮也！"

佛道书籍中的典故

苏轼大量使用佛教、道教中的故事，其中又以佛教更多一些。我们来看这首《游诸佛舍一日饮酽茶七盏戏书勤师壁》：

示病维摩元不病，在家灵运已忘家。何烦魏帝一九药，且尽卢仝七碗茶。

一首小小绝句，蕴含四个典故。苏轼分别使用了《维摩诘经》中的"维摩诘问疾"，《景德传灯录》中的谢灵运是"在家菩萨"，魏文帝曹丕《游仙》诗中的"与我一丸药"，以及卢仝茶诗的典故，来分享自己游览的愉悦。

苏轼用典的特点

苏轼爱从各种小说杂记、佛道典籍中引用典故。关于苏轼用典，最有名的批评是元好问的《论诗三十首》之二十三：

曲学虚荒小说欺，俳谐怒骂岂诗宜？今人合笑古人拙，除却雅言都不知。

曲学主要指驳杂冷僻、非正统的知识、学说和故事，包括佛道之说、医巫方技、阴阳卜筮、地志方俗等。小说主要指传统的记录见闻的小说笔记。这些曲学小说中的典故冷僻不常见，不主流也不经典，却常常被苏轼用到诗歌中。王十朋就说："东坡先生之英才绝识，卓冠一世。平生斟酌经传，贯穿子史，下至小说杂记、佛经道书、古诗方言，莫不毕究。"可见苏轼用典之广博，在经史之外，还涉猎小说杂书、佛道书籍。

赵夔在注苏轼时，说他研究苏轼已三十年，"一句一字，推究来历，必欲见其用事之处。经史子传，僻书小说，图经碑刻，古今诗集，本朝故事，无所不览，又于道、释二藏经文，亦尝遍观抄节，及询访耆旧老成间"。我们可以看到，古人在读诗时，首先关注的就是这些诗用了哪些典故，如何用事，并且想弄明白这些"梗"。读诗的人必须知识广博，才能看懂。周裕锴说，苏轼所用之典，已扩展到稗官小说。宋朝人写诗和读诗，就是一个建置密码和解开密码的过程，他们会在其中找到乐趣。

在我的文章《〈世说新语〉在宋代的经典化——以诗歌用典为中心》

中，我把苏轼、黄庭坚诗歌中使用小说典故的情况总结为以下几点：

(1) 在唐代李白、杜甫、李商隐之后，苏黄更加大量地使用小说典故。

(2) 苏黄挖掘、启用了很多前人从未使用的小说典故，选用和发明了新辞藻。

(3) 对于前人已用过的小说典故，苏黄往往翻出新意而用之。

(4) 在小说中，《世说新语》的典故使用最多。

(5) 苏黄使用的小说中的典故和辞藻，对后来诗人影响巨大。

《世说新语》是一部很重要的书，在古代文人阅读最多的典籍里，我认为《世说新语》大概能排进前二十。除了"四书""五经"《老子》《庄子》《史记》《汉书》等，最流行的读物大概就是它。我们现在对它稍感陌生，但古人却非常熟悉，大量地使用其中的典故。使用小说典故这个风气是苏轼带动的，黄庭坚、陈师道这些苏门人士也开始按照这样的方法写诗，宋代诗歌逐渐形成了不同于唐代的新面貌。因为使用的密码不一样，所以宋诗和唐诗就出现了很大的差异。可以说，宋诗和唐诗的差异，在很大程度上是它们选用的典故不一样造成的。宋人想推陈出新，便想要用新典故。唐代那些用得太多太熟的典故已不再能满足宋人的需求。这时候，小说就成为一个亟待开发的宝藏，因为它里面的故事特别多。

我们再来看一首用《世说新语》典故的诗——《太守徐君猷通守孟亨之皆不饮酒以诗戏之云》：

孟嘉嗜酒桓温笑，徐邈狂言孟德疑。公独未知其趣尔，臣今时复一中之。风流自有高人识，通介宁随薄俗移。二子有灵应抚掌，吾孙还有独醒时。

这首诗虽然不算苏轼的名作，但它集中体现了苏轼用典的特点，是一首幽默谐趣的作品。苏轼被贬谪到黄州后，太守徐君猷和通判孟亨之都不喝酒，苏轼觉得很扫兴，就写首诗调侃他们。

"孟嘉"句的典故出自《晋书·孟嘉传》："嘉好酣饮，愈多不乱。温问嘉："酒有何好？而卿嗜之？"嘉曰："公未得酒中趣耳。'"孟嘉好酒，桓温问他，酒有什么好？孟嘉说，是你不懂酒中的乐趣。"徐邈"句的典故出自《三国志·徐邈传》，当时曹操禁酒，但徐邈很爱酒，就偷偷喝，并且说自己喝了酒能达到圣人一样的状态，原文说"时复中之"。这就是"徐邈狂言"。这两句诗好像非常直白，将历史故事直接用作了诗句，但仔细看，苏轼要"戏"的太守和通判，刚好就姓"徐"和"孟"。可想而知，苏轼得有多大的知识储备，才能准确找出两个符合两人姓氏且与喝酒有关的故事。而且"公独未知其趣尔，臣今时复一中之"，这两句是孟嘉和徐邈的原话，苏轼只做了些微调整，就将它们变成了两句诗。要注意，这两句既是散文句，也是对仗句。这就是用典的巧妙之处，苏轼裁剪史料可以做到这样精确的地步。当然，苏轼在这里不是想复述历史故事，而是想表达你们俩都不懂喝酒的好啊，而我偶尔还是要喝一点的。"公"是指两名不喝酒的地方官，"臣"则是指代苏轼自己。

"风流自有高人识，通介宁随薄俗移"一联继续用孟嘉和徐邈的典故。第一句依旧出自《晋书·孟嘉传》，讲的是孟嘉气度出众，在宴会上很容易被人发现的故事。同时，我感觉这一句应该还用了孟浩然和王维的故事。孟、王两人关系很好，王维曾帮助孟浩然，也很欣赏他。李白有诗"吾爱孟夫子，风流天下闻"，杜甫有诗"不见高人王右丞，蓝田丘壑漫寒藤"。"风流"和"高人"，分别指孟浩然和王维。苏轼在这里是将孟亨之说成"风流"，尽管对方不喝酒，但依然有高人认识。第二句也同样取自《三国志·徐邈传》中的典故，这里的意思是说徐君猷、孟亨之二人，坚守自己不喝酒的原则，不管世俗之人如何喜欢喝酒，或者说不管苏轼如何劝说，也不为所动。

"二子有灵应抚掌，吾孙还有独醒时"一联继续说徐邈、孟嘉二人，说这两个古代的酒徒如果有灵，或许会抚掌大笑，因为他们的子孙中竟然有不喝酒的人。

可以看出，整首诗就是围绕古今的徐、孟反复叙述，充满了谐趣。最妙的是第二联，苏轼将古书里的散文句摘出来放一起，竟然还能做到对仗。

苏轼用典的创造性和影响力

我们来看两个《世说新语》中的小故事。

《世说新语·排调》："王浑与妇钟氏共坐，见武子从庭过，浑欣然谓妇曰：'生儿如此，足慰人意。'妇笑曰：'若使新妇得配参军，生儿故可不啻如此！'"

王浑和妻子看见自己的孩子王武子从庭前经过，王浑对他和妻子所生的孩子很满意，但妻子却笑着说："如果我当初嫁给了参军，生的儿子肯定不止如此。"参军是王浑的兄弟。

《世说新语·贤媛》："王凝之谢夫人既往王氏，大薄凝之。既还谢家，意大不说。太傅慰释之曰：'王郎，逸少之子，人身亦不恶，汝何以恨乃尔？'答曰：'一门叔父，则有阿大、中郎；群从兄弟，则有封、胡、遏、末。不意天壤之中，乃有王郎！'"

这则故事说的是谢道韫嫌弃自己的丈夫王凝之。她很不高兴地回家，对伯父谢安说，我们家里的叔父辈和兄弟辈都是优秀儿郎，不料天下竟然还有王凝之这样的人。

上面两个故事被苏轼用在了《贺陈述古弟章生子》中，这是一首向陈章生了儿子道贺的诗。陈章是苏轼任杭州通判时，杭州知州陈述古的弟弟。诗中写："参军新妇贤相敌，阿大中郎喜有余。"这便是直接引用了这两个典故，说陈章夫妻俩很般配，生下孩子后，叔伯们都很高兴。这里的叔伯，其实就是在说陈述古。两句诗，把父母、孩子、孩子的叔伯，都照顾到了。

苏轼在《又一首答二犹子与王郎见和》中，也用了这个典故："封胡羯末已可怜，不知更有王郎子。"这首诗是写给苏辙的两个儿子以及苏辙的女婿的。他用"封胡羯末"来指代自己的侄子，刚好典故里的王凝之也被叫作"王郎"，便和诗中苏辙的女婿对上了。这两句是说自己的侄子已经很不错了，没想到还有更优秀的王郎。注意，苏轼所说的"王郎"，和原典故的意思是不一样的。

苏轼之后，宋朝诗人开始频繁使用这两个典故：

尚以竹林怜小阮，肯令新妇配参军。（许及之《亲家张舍人挽词》其二）

参军新妇贤，眉颊生媚妩。（李新《送高执中赴文州椿林》）

共夸新妇好，真可配参军。（徐㷆《美人篇戏赠陈参军》）

时因公子监门会，颇识中郎阿大馀。（王安中《次韵魏端夫田石送赴试词学兼茂》）

远增阿大中郎喜，足想殊常散骑情。（李刘《贺舍弟新得子》）

阿大中郎喜事宜，黄金不惜买蛾眉。（姚勉《戏叔纳宠》）

一旦得双珠。阿大中郎喜有馀。（李俊民《南乡子·上夫人寿日》）

东西南北无住身，羯末封胡四男子。（苏辙《次韵子瞻留别三首》其三）

封胡羯末自行列，麟凤龟龙各异致。（饶节《阿智歌》）

问老自应师粲忍，扶衰初喜得封胡。（李彭《城上》）

人比封胡终有恨，韵低徐庾敢言诗。（李彭《次韵答仲兄元亮》）

我家群从有封胡，潇洒如君更隐居。（王庭圭《哀挽诗》）

君家梁苑妙人物，羯末封胡咸勃窣。（王庭圭《送向丰之》）

醍酥乳酪元同味，羯末对胡更合堂。（陈与义《用大成四桂坊韵赋诗赠令狐昆仲》）

封胡羯末皆佳甚，剩喜团栾一笑新。（陆游《七侄岁暮同诸孙来过偶得长句》）

封胡连璧雨中来，目送舨鞍怅独回。（杨万里《雪后寄谢济公、材翁联骑来访，进退格》）

我们发现，在苏轼之前，几乎没有人使用过"封胡羯末"和"阿大中郎"这两个典故。而在苏轼之后，它们就经常被看到，在要表达"兄弟"的意思时，大家的诗中可以不直接使用"兄弟"一词，而用"封胡羯末"或者用"封胡"。

再看一则，出自《世说新语·任诞》的故事：

> 桓宣武少家贫，戏大输，债主敦求甚切。思自振之方，莫知所出。陈郡袁耽俊迈多能。宣武欲求救于耽。耽时居艰，恐致疑，试以告焉。应声便许，略无嫌吝。遂变服，怀布帽，随温去与债主戏。耽素有艺名，债主就局，曰："汝故当不办作袁彦道邪？"遂共戏。十万一掷，直上百万数，投马绝叫，傍若无人，探布帽掷对人曰："汝竟识袁彦道不？"

这里讲的是桓温大将军少年时候的故事。桓温经常去赌场赌博，输了很多钱，债主催债，桓温没有办法，就找到了当时的"赌神"袁耽，请他帮忙。袁耽当时正在服丧，按理是不能进行娱乐活动的。他便把他的丧服丧帽藏起来，随桓温去赌了。最后，袁耽赢了很多钱，他得意忘形地把丧帽丢到债主面前，说："你现在认得我袁耽了吧？"

这是一个很生动的故事，但它再生动，也只能躺在书里，直到苏轼把它变成了典故。《会客有美堂周邠长官与数僧同泛湖往北山湖中闻堂上歌笑声以诗见寄因和二首时周有服》："颇忆呼卢袁彦道，难邀骂座灌将军。"《新渡寺席上次赵景贶陈履常韵送欧阳叔弼比来诸君唱和叔弼但袖手傍睨而已临别忽出一篇颇有渊明风致坐皆惊叹》："竟识彦道否，绝叫呼百万。"这之后，宋诗中便开始大量出现这个典故。举例如下：

> 君如彦道能怀帽，便逐轻帆作此行。（沈辽《寄陆九》）
>
> 欲识呼卢真彦道，试吟石鼎调弥明。（孙觌《读王季恭诗卷小诗为谢二首》其二）
>
> 我非卖药伯休那，君岂呼卢彦道不。（陈杰《京口闲行逢李编校谓尝共蒱戏子长安酒家殊惘然也》）
>
> 呼卢袁子服，饮酒阮生丧。（（高丽）李奎报《次韵尹司仪世儒见赠坐上作》）
>
> 竟识向来袁彦道（自注：晋袁耽曰：竟识袁彦道否？坡诗常用），无忧今有管夷吾。（沈继祖《送合学袁尚书帅蜀》其一）
>
> 饮酣不识袁彦道，布帽已染吴兴墨。（王世贞《过张吏部留题》）

自诩狂呼袁彦道，难忘好客郑当时。（查慎行《次韵答吴西斋四首》其一）

偶借呼卢袁彦道，居然完璧蔺相如。（钱大昕《王拙庵太守大字千字文真迹其家人珍秘之后忽失去玄孙柏厓县尉百方购得之属赋诗纪其事》）

将随呼卢袁彦道，肯作卖药韩伯休。（赵翼《蔚亭方伯过虎邱得诗八章大指谓繁华胜地多耗物力而可以养贫民此意向来游者所未道足见公游赏中尚不忘民依也酬以长歌》）

呼卢十万掷布帽，卿辈可识袁彦道。（洪亮吉《行路难》）

最后再看一则故事，出自《世说新语·简傲》：

王子猷作桓车骑参军，桓谓王曰："卿在府久，比当相料理。"初不答，直高视，以手版拄颊云："西山朝来，致有爽气。"

王子猷是东晋名士，他在桓温那里做车骑参军。桓温作为王子猷的上司，提出要照顾他。但王子猷不正面回答，只是望着西山说："西山朝来，致有爽气。"

唐时，这则故事被人们广泛使用，尤其是其中的"爽气"二字：

酒酣益爽气，为乐不知秋。（李白《过汪氏别业二首》其一）
披雾初欢夕，高秋爽气澄。（杜甫《赠特进汝阳王二十韵》）
爱汝玉山草堂静，高秋爽气相鲜新。（杜甫《崔氏东山草堂》）
积阴开片月，爽气集高秋。（马戴《浙江夜宿》）
秋声向野去，爽气自山来。（李德裕《秋日美晴，郡楼闲眺，寄荆南张书记》）
西山爽气生襟袖，南浦离愁入梦魂。（韩偓《避地》）

成语"秋高气爽"，就来自此处。到了宋代，苏轼、黄庭坚等人对这个典故的使用有了创新，他们开始关注"拄笏"这个动作。唐人关注的是天气、空气，宋人关注的则是动作。苏轼、黄庭坚曾多次使用"拄笏"

"笏拄颊"这样的词语：

> 老去上书还北阙，朝来拄笏望西山。（苏轼《次韵胡完夫》）
> 困穷谁要卿料理，举头看山笏拄颊。（苏轼《再用前韵寄莘老》）
> 东门未祖道，西山空拄颐。（苏轼《次韵钱穆父会饮》）
> 安知四海习凿齿，拄笏看度南山云。（黄庭坚《送谢公定作竟陵主簿》）
> 参军拄笏看云气，此中安知枯与荣。（黄庭坚《再次韵呈明略并寄无咎》）
> 大梁城中笏拄颊，领髭今成雪点斑。（黄庭坚《送刘道纯》）

后来的诗人开始"跟风"：

> 漫郎功业大悠然，拄笏看山了十年。（陈与义《漫郎》）
> 闷有书遮眼，闲须笏拄颐。西山有爽气，当报故人知。（吕本中《送钱子虚抚干往洪州赴新任二首》其二）
> 径欲乘桴蹈东海，那能拄笏望西山。（孙觌《虎丘》）
> 虎豹嗔人上九关，不妨拄笏看云山。（王炎《和谢安国韵》）
> 四檐山在眼，奚用更拄笏。（王十朋《伏日四望亭分韵得月字》）
> 钓竿已拂珊瑚树，拄笏新沾雨露恩。（杨万里《送伍耀卿监庙西归》）
> 君犹拄笏看山去，我且披蓑听雨眠。（范成大《周畏知司直得湖南帅，属过吴门，复用己丑年倡和韵赠别》）
> 脱巾漉酒从人笑，拄笏看山颇自奇。（陆游《春晚书怀》）
> 时事不言惟拄笏，书生无用且衔杯。（刘过《题凤凰台》）
> 功名正恐不免耳，拄笏练溪南北秋。（方岳《送别赵尉》）

另外，辛弃疾作为词人中大量使用典故的代表，也受到了苏轼用典的影响。比如：

> 甚拄笏悠然，朝来爽气，正尔相关。（《木兰花慢·题上饶郡圃翠微楼》）

未应两手无用，要把蟹螯杯。（《水调歌头·白日射金阙》）

劝公饮，左手蟹，右手杯。（《水调歌头·木末翠楼出》）

断吾生，左持蟹，右持杯。（《水调歌头·再用韵答李子永》）

日高犹苦圣贤中，门外谁酬蛮触战。（《玉楼春·隐湖戏作》）

玉皇殿阁微凉，看公重试薰风手。（《水龙吟·玉皇殿阁微凉》）

酒亦关人何事，政自不能不尔，谁遣白衣来。（《水调歌头·今日复何日》）

学习和积累典故

苏轼常被人称赞博学，其实要用好典故仅仅是读书广博还不够，还需要脑筋转得很快，在当时的语境中能快速想到相关典故，进行配对，表达出相应且准确的意思。不过，学习和积累典故知识，显然是一切的基础。苏轼读书很用功，据说他多次抄写《汉书》，就是为了记住甚至背诵书中的内容，他还会把一段文字用三个字来概括，称为"三字题"，再后来又改成用两个字，人们只要说出两个字的题目，他就能把《汉书》中对应的段落背诵出来。对当时的人来说，读书时必须要大量积累其中的故事和知识，才能在需要的时候拿出来用。

但是当下，大家很难如此广博地阅读，更不可能大段地背诵古书。如果你们想真正读懂诗，想了解和积累典故，可以学习《蒙求》《诗律武库》《幼学琼林》《唐诗三百首》这四部书。《蒙求》是唐代人编的，其中的典故是唐代人爱用的，也是唐诗中常见的。《诗律武库》是南宋人编的，和《蒙求》对典故的选择有一定的差别，其中的典故，有些是唐诗和宋诗都用的，有些只是宋朝人以及后来的诗人爱用的。《幼学琼林》是清代人编的，有典故，有辞藻，精练实用。《唐诗三百首》是大家熟悉的一本书，但在学习的时候要注意有意识地去记其中的典故。其他的书，如《声律启蒙》《笠翁对韵》，也能帮助大家在学声律、对偶的同时学习典故。总之，典故的学习主要还是靠积累，没有捷径。

风雨人生话东坡

莫砺锋　南京大学人文社科资深教授

东坡的人生经历特别丰富。作为开场白，我先对他的一生做一个简单的切片分析。苏东坡活了 66 岁，我的切片选在他人生走到三分之二的地方，也就是宋神宗元丰二年（1079）农历八月初。那一年，他 44 岁。当时的苏东坡还没起"东坡居士"这个号，就叫苏轼，字子瞻。七月二十八日，还是浙江湖州"市长"（湖州知州）的苏轼，被朝廷派来的钦差逮捕，因罪名很重，被连夜押送到了汴京。押解苏轼的官船先从吴兴塘行经江南运河，再经过润州，进入长江，过江后沿汴河前往汴京。东坡自称是八月初经过扬州平山堂，所以过长江也是在八月初。就在船过长江时，苏轼突然起了自杀的念头。船窗外闪过金山寺的巍峨楼阁，寺下就是波涛起伏的长江水。八年前，他在金山寺所咏的诗句顿时涌上心头："我家江水初发源，宦游直送江入海""我谢江神岂得已，有田不归如江水！"他原来就对宦海风波心存警惧，故对着江神发誓定要及时归耕。没想到人到中年遭此不测之祸，连急流勇退的愿望也无法实现了。船窗外就是滚滚东流的"我家江水"，只要纵身一跃葬身清波，顷刻之间就可一了百了。不过，由于官兵的严厉看管，苏轼最终没能跳江自杀。

历史不能假设，但我们现在为了叙述方便，不妨假设一下。如果公元 1079 年的这一天，苏轼跳湖自杀了，这对于中华民族文化史会产生怎样不利的影响？首先，在我国的古文宝库中，包括《赤壁赋》《后赤壁赋》在内的约 1500 篇古文将消失不见；古诗宝库中的约 1600 首古诗将消失不见；宋词宝库中的《念奴娇·大江东去》等词将消失不见；书法宝库中的"天下第三行书"，即苏轼的《黄州寒食帖》将消失不见；绘画宝库中的绘画精品《枯木怪石图》将消失不见；中医药典籍《苏沈良方》中的 400 多个药方将消失不见；中文日常语言中的某些常用格言，如"不识庐山真面目，只缘身在此山中"等将消失不见；杭州西湖的重要景点——苏堤，将消失不见；中国名菜，肥而不腻、入口即化的东坡肉将消失不见。除此以外，还有很多。仅仅是把一个人的生命砍掉三分之一，居然会对中华民族的文化史产生这么多负面影响。反过来看，东坡一生的贡献有多大也就不言而喻了。

东坡曾向年轻人介绍自己的读书经验，提出一种叫"八面受敌法"的读书方式。他在写给王庠的信里说，我读一部经典要多次阅读，每一次都要从不同的切面进入。今天，我就借鉴"八面受敌法"，从六个方面来给大家解读东坡。

高风亮节的政治家

东坡是北宋后期的重要政治家。北宋后期，神宗、哲宗、徽宗、钦宗这四朝中最大的政治事件就是新政党争。朝廷里的政治家根据政治观念的不同分为新党和旧党。新党主张改革朝廷的方针政策，实行新法。旧党则主张持重、保守，不想那么快进行改革。新党的领袖是王安石，旧党的领袖是司马光。北宋积贫积弱需要改革，这是朝中大臣的共识。东坡也在《上神宗帝万言书》中提出了很多具体意见。不过，由于王安石跟宋神宗君臣合拍，发动的变法幅度太大，速度太快，导致效果很差。朝廷中也就出现了一批反对者，声称如此改革社会无法承受。老子曾说"治大国如烹小鲜"，意思是治理大国，任何措施都必须小心翼翼。王安石变法不像烹小鲜而像是炒黄豆，所以导致了两党对立的政治局面。

东坡的基本立场是站在司马光那派的，但他又不像司马光那样全盘否定新法。严格来说，他属于折中派。为了推行新法，王安石采取了严厉的组织手段，谁反对就贬黜谁。正是因为这样，司马光才会退居洛阳，十五年不谈国事。那么赞成变法的人怎么样呢？曾布是东坡的同年进士，他坚决支持新法，于是五天之内连升三级。在这种形势之下，东坡跳出来反对新法，后果自然很严重。

但若干年以后，政治形势变了，支持变法的宋神宗去世了，高太后垂帘听政，司马光东山再起，旧党上台，苏东坡也被召回了汴京，还升了官。但这时候，当东坡看到司马光不分青红皂白地要在一年之内把王安石新法全部推翻，他又站出来反对。他认为，新法还是合理的，而且执行了这么多年，百姓都习惯了，要在一年之内全部纠正过来，这很不稳妥。东坡因此在朝廷里跟司马光起了争执，得罪了司马光。司马光是君子，没有对东坡实施打击报复，但一年后他就病逝了。司马光的亲信和部下将东坡视为"眼中钉"，于是他又被迫开始了飘摇动荡的贬谪生活。东坡22岁考中进士，66岁病逝，他在朝廷里一共只待了8年左右。

东坡的政治表现并非一些人认为的两面派，而是高风亮节。面折廷争，直言进谏，这是儒家提倡的政治家风范。10岁时，东坡和母亲程夫人一起读《后汉书》，读到《范滂传》（东汉末年最大的政治问题是宦官专政，范滂因反对宦官专政，被朝廷逮捕处以死刑），书中记载，范滂被捕后，他的老母亲前来送别，范滂劝母亲不要悲伤，老母亲大义凛然地说："你得以与李膺、杜密这样的忠臣齐名，死也无憾了！"程夫人读到这里十分感动，放下书本叹息。年幼的东坡问母亲，假如自己将来做范滂，她同意不同意？程夫人说，你要能做范滂，我为什么不能做范滂的母亲？由此可见，东坡自年少时就确立了远大的政治志向，这也为他其后成为高风亮节的政治家奠定了坚实的精神基础。

勤政爱民的地方官

由于在朝廷里仗义执言，东坡经常被贬出朝廷，到地方任职。又由于朝廷怕一个人在某一地方任职时间太长，会形成盘根错节的地方势力，滋生腐败，所以北宋时的制度规定，地方官的任期不得超过三年。由于以上原因，苏东坡不停地调动，在很多地方做过官，陕西凤翔、浙江杭州和湖州、江苏扬州和徐州、安徽颍州、山东密州和登州，以及河北定州。考察一个地方长官，最重要的是看他的政绩。可以肯定的是，东坡政绩卓著。

东坡被贬谪到徐州一个多月后，黄河泛滥，洪水冲到徐州城下，把徐州团团围住，整座城市就靠一座城墙把洪水挡在外面，洪峰距离城墙顶端只有几寸，而洪峰的峰面比徐州城里的平地高出一丈多。也就是说，如果洪水把城墙冲垮，徐州城将全部被淹。东坡急得不行，便带领全城老百姓抗洪，他在城墙上搭了一个草棚，住在里面，日夜都在城墙上指挥。东坡当时也没有什么好办法，只能在城里挖土，在城墙内侧修堤坝，相当于重新修一座城墙，让它从里面托住外城墙，不让洪水把它冲垮。

又过了一个多月，洪水依旧没退，城里的老百姓已经筋疲力尽。东坡不得不向驻军求援。北宋的军队分两种，一种叫禁军，一种叫厢军。厢军是地方部队，没有战斗力，老弱病残较多。禁军是朝廷的野战军、正规军，有战斗力。徐州城驻有禁军，但是北宋的禁军只有皇帝才能调动，地方官一兵一卒都不能调动。所以，即使洪水滔天，禁军也只能安守在营房里。东坡走投无路，只得亲自到禁军的营房里，请他们帮助抗洪。禁军本不敢轻易出动，但是禁军首领看到东坡浑身泥浆、面目憔悴地走进营房，得知他几天几夜都没有合眼，一直在城墙上引导抗洪后，被他这位地方长官感动了，才决定破例带着士兵参加抗洪。80多天后，洪水终于退了，徐州百姓的生命财产也终于得以保全。

地方长官领导全城人抗洪本是分内之事，但东坡做得极好，连新党执政的朝廷都给他颁发了表彰令。但东坡的过人之处还不止于此。第二年春天，洪水已退，他动员人力、物力在城外兴修水利，加固堤防，以预防下一场洪水。地方官任期最多三年，而北宋黄河大规模改道的周期是20～30年。也就是说，在东坡的任期内徐州不可能暴发第二场特大洪灾，但是他为了地方的长治久安，依然刻不容缓地加固堤防。

苏东坡曾两次在杭州任职，第一次做通判，时隔15年后又去做了知州。他很喜欢杭州，尤其是西湖。但是他第二次到杭州任职后，发现西湖的水域面积萎缩了。原来，杭州气候温暖，西湖水浅，导致湖岸边的水草疯长。水草长起来后，草根处堆积淤泥，形成了一种被江南人称为"葑"的东西，就是这个葑导致西湖水域面积萎缩了三分之一。东坡为此很是着急，西湖不但是当时的游览景点，还是杭州唯一的淡水源，所以他上任伊始，就开始整治西湖。

东坡动员人力物力割水草、挖淤泥。但水草、淤泥堆积如山，将这么多废物堆到哪里成了难题。当时，西湖只有一条东西方向的堤，是唐代传下来的，叫作白堤。湖的南北方向没有堤。于是，东坡想不如在西湖里再修一条南北方向的堤。几个月后，一条新的长堤修成了。为了让湖水流动，堤上建了6座桥，桥下有孔，湖水可以流动。东坡离任后，老百姓为了纪念他，便把这条堤称为"苏公堤"，后来简称"苏堤"。

两年半后，东坡即将被调回朝廷。临走前，他想到只要杭州的气候不变，湖里的水草就还会再长，如果不久后，水草又长起来，淤泥又堆积起来，该怎么办呢？于是，他决定找到一个长治久安的办法。当地的农民喜欢种菱角，下种以前一定要先除草，否则水草长得太快，菱角就无法生长。东坡发现这一点后，便立下了一个地方法规，规定每年用很低的租金将沿岸的湖面出租给农民种菱角，还将其刻成石碑竖在了杭州的官衙里。农民为了种菱角，就会每年除一次水草。其后，他又担心万一农民种菱角觉得收成不错，逐步扩大种植面积，最后一直种到湖心，把整个湖面盖住了，让前面的努力都白费了，便又添加规定：只许农民在沿岸的水面种植，靠湖心的地方不许种。可是，要怎么在水面上标出界限？东坡请人用石头凿了几十个小宝塔，竖在湖里，两个宝塔之间的连线就是界标。900多年以后，还有 3 个小宝塔遗留在西湖里，就是现在的三潭印月。

现在，杭州西湖是世界闻名的游览景点。如果杭州文旅部门想为西湖写一段广告词，只需到苏东坡的诗词中去找一首就行了。他有一首七言绝句描写西湖："水光潋艳晴方好，山色空蒙雨亦奇。欲把西湖比西子，淡妆浓抹总相宜。"这就是西湖最好的广告词。但是东坡对西湖的贡献不仅仅在于他写出了这么优美的诗词，还在于他对西湖如今面貌的塑造。苏堤是他建的，西湖清澈的湖水，离不开他的智慧付出。总之，东坡在地方官任上的政绩，都是为了地方的长远发展，都是为了百姓的长远利益。他得到百姓的衷心爱戴，不是无缘无故的。

勤奋的天才

东坡肯定是天才。如果不是天才，他怎么可能在那么多方面都做出登峰造极的成就。北宋有这样的传说，说东坡诞生的那一夜，彭老山上的草木一夜之间全部枯死。为什么他一生下来，彭老山上的草木就会枯死？因为古人相信，凡是特别灵秀的人物出生，天地山川的灵气都将凝聚在他的身上。彭老山的灵气都被东坡吸取了，草木自然就会枯死。与此相应，北宋还有另一个传说，说东坡在江苏常州去世的那一日，彭老山上的草木一夜之间全部返青，或许是因为他又将灵气还给了山川大地。

东坡在古文、诗、词以及书法等方面都达到了北宋的最高成就。此外，他在艺术评论方面也是天才。唐代的大诗人王维，山水诗写得很好，山水画也很有名。东坡评价他"诗中有画，画中有诗"。这八个字后来成为世人对王维的定评。东坡的朋友黄山谷（黄庭坚）曾对年轻人说，你们若想将自己的作品送给东坡看，不要有心理障碍，只管给他看就是了，因为他不会耽误多少时间。他甚至夸张地说，当你把作品递给东坡，他只需拿起来一"嗅"，就知道好坏，因为他太敏锐了，判断太准确了。

天才需不需要勤奋？当然需要。苏东坡的成功一半在于天才，还有一半就来自勤奋。他晚年对他的弟子晁补之说，自己年轻时读书，每读一部经典，一定从头抄到尾。被贬谪到黄州时，东坡40多岁，早已闻名天下，依然维持着这一习惯。他抄书时，第一遍用楷书抄，第二遍用行书抄，一边抄一边练字。东坡一生都在学习，一生都在思考，所以他的创造力也是终身的。东坡不仅仅是文学艺术方面的大家，他的学问和兴趣实际上横跨了多个学科，甚至连理工科他也相当关注。江苏徐州的中国矿业大学，是全国研究采煤最知名的大学。这所大学成立了一个苏轼研究院，请我当他们的兼职教授。我起初十分好奇为什么矿业大学会成立苏轼研究院？后来才知道，原来苏轼是中国采煤事业的先驱。徐州的煤矿就是东坡在徐州做知州时发现的。

还有一个有趣的例子：东坡59岁那年被贬谪到广东惠州，途中经过广州。广州当时的地方长官叫王古，是东坡的熟人。东坡在广州停留的几天里，王古不改旧态，热情地接待了东坡。东坡到惠州后，曾给王古写过好多封信，其中有两封的内容是建议在广州安装自来水。原来，广州自来水的最早设计者是苏东坡！这两封信的原文都收录在了《苏轼文集》中，分别是文集第56卷中的《与王敏仲》第11封和第15封。信的主要内容是：广州的老百姓都喝珠江水，但南海涨潮的时候海水倒灌，珠江水又苦又咸；而广州城外不到20里的地方，半山腰上有一股流量很大的泉水，建议用粗大的毛竹管一根一根地接起来，将泉水引到广州城里，给老百姓做饮用水。这就是现代的自来水，不过后来我们用了铁管来代替竹管而已。其实，用毛竹管接引泉水不是苏东坡的发明。这一做法我们可以从更早的杜甫的诗中读到——杜甫在夔州曾看到当地老百姓用竹管把山上的泉水引到山脚下来。但东坡具有创造性的地方在于，他在这两封信里提供了一些技术方面的细节。他说毛竹管一根根地接起来，不管插得多么紧，衔接的地方一定会有渗漏，需在前面一根竹管较细的一头先缠上一层麻丝，再涂上一层漆，就能有效地阻止渗漏。20世纪70年代，我曾帮公社安装自来水。那时，我到县城自来水厂学基本技术，老师傅教我如何防渗漏。他说，两根水管接头的地方，虽然有螺纹，但也会漏水。为了避免漏水，需要在水管上缠一层麻丝，再涂上一层漆。后来，我到南京大学读研究生，才发现原来这个技术在900多年前就已经写进了东坡的文集。而在另一封信中，东坡告诉王古，用竹管引水，时间长了总会有沙泥堵塞，应在每一根竹管上钻一个绿豆大小的眼子，再用竹钉把它销住。出现堵塞后，只要逐一拔掉竹钉，就可以断定什么地方堵塞了。这个例子说明东坡一辈子都在思考、在学习，真正做到了活到老、学到老。所以说，苏东坡是在天才的基础上加上勤奋，才成为了一代名人。

平易近人的大名人

苏东坡是北宋的大名人。他22岁考上进士，主考官欧阳修预言他的成就一定会超过自己。更出奇的是，他在考场上写的那篇文章的题目是《刑赏忠厚之至论》，后被收录进了《古文观止》。现在，每年高考也有一些好作文，有的满分作文还会刊登在各地的报纸上。但是几百年以后，还会有人提到这些文章吗？不太可能！而《古文观止》是清代人选的，代表着历代古文的最高成就。

名人容易骄傲，有些名人高高在上，拒人千里之外，非常傲慢，但东坡虽有那么大的名气，却始终平易近人。他说，自己交朋友从不看对方的身份，上可以交玉皇大帝，下可以交卑田院乞儿，从不轻视平头百姓。

东坡是大书法家，他的字也是墨宝，但是东坡从来不以奇货可居的态度对待自己的书法作品。他在朝为官时，朝廷里的文官几乎每人都有他的书法作品。后来，这个范围又扩大到武官。当时有一个武将叫姚麟，喜欢苏东坡的字，但他跟东坡没有交往，无法拿到他的字。于是，一个叫韩宗儒的文官就专门到东坡那里去要字，哪怕是一张便条、一封短信，都拿去送给姚麟。姚麟每得到一幅东坡的字，就馈赠10斤羊肉给韩宗儒。时间久了，此事被黄庭坚知道了，黄庭坚就对东坡说：晋朝的王羲之，传说他帮道士写字来换白鹅，他的字叫作"换鹅书"，而你现在的字是"换羊书"，因为有人用你的字换羊肉吃。东坡听了哈哈大笑，也不当一回事。有一天，他正在办公，韩宗儒突然派人来送信，信中也没什么重要内容，无非是说今天天气怎样。东坡看过就说，知道了，放到这里吧。过了一会儿，抬头一看，送信的人还没有走。东坡问，你怎么还没走？那人说，你还没有给我们家老爷回信呢。东坡就说，你回去告诉你家老爷，本官今天不宰羊！话虽然这么说，东坡的书法作品还是很随意地送给了很多人，不仅有官员，还有平民，这一点特别了不起。某次，黄庭坚告诉一个平民，说你不是想得到东坡的字吗，我教你一个好办法：明天，东坡要到城外的一个寺庙去游玩，你到那里去做些准备。第二天上午，东坡果然去了，走到寺庙门口一看，那里居然放了一张桌子，桌上还铺了几张宣纸，旁边有砚台，墨也磨好了，几支毛笔就放在旁边。东坡一看四周没人，却有这么好的笔墨纸砚，就信手拿起笔来写字。刚一写好，那人就走了出来，这几幅字当然就归他了！

　　古代的地方官很辛苦，因为官员数量少。所以东坡做知州时，什么都要管，连司法都要管。有一天，东坡在杭州的州府衙门审理案子。原告说，被告去年冬天向我借了 20 贯钱，说好今年夏天还，时间到了他却不还，请老爷做主。东坡问被告，你为什么借钱不还？被告说，我不是不想还，是还不出来。我家做扇子买卖，去年借了 20 贯钱做本钱，买了竹子，买了绢，本打算今年夏天卖了扇子就还钱，没想到杭州今年夏天不热，扇子卖不动。东坡一听非常为难，按照法律，这个人应该还钱。但按照实情，他又实在还不出来。古代的州衙门、县衙门，凡是在审理案件的时候，衙门的大门一定得打开，让老百姓在外旁听，以示司法公正。那天，也有很多人挤在大门外旁听，大家知道东坡是大名士，想看看他怎么审案子。东坡想了想，对被告说，家里是不是积压了很多团扇？你现在就回家去拿 20 把扇子来，我帮你卖。那人狂奔回家，过了一会儿，抱来了 20 把扇子。东坡把它们铺在桌子上，拿起笔来，笔疾如风雨，又是写，又是画。过了一会，扇子上都留下了他的作品。大门外的人都亲眼看到苏东坡在写写画画，这肯定是真迹啊。写完画完，东坡就把 20 把扇子交给被告，让他拿到外面去卖，每一把卖一贯多钱，少了不要卖。这人把扇子一拿出去，大家就蜂拥上前，抢购一空，他也就此还清了债。请大家注意东坡的身份，他是杭州的地方长官，也是天下闻名的大诗人、大书法家、大画家，而那个被告只是一个普通老百姓，东坡竟主动出手相助，给他题了20把扇子，帮他还债。这就是平易近人的东坡。

热爱生活的普通人

《苏东坡传》是林语堂于20世纪40年代在美国用英文写的。后来，它被翻译成中文，在中国台湾出了繁体字版本，又被大陆引进版权出了简体字版本。这本书现在很流行，但林语堂是作家，作家喜欢想象、虚构，所以这本书里的部分细节可能是不准确的。比如，书里说东坡有一个堂妹叫小二娘，他跟这个堂妹幼年时青梅竹马，直到晚年还对她柔情万缕，后者一辈子都是他的恋爱对象。这是没有根据的说法。历史上确实存在小二娘这个人，她后来嫁到江苏镇江，东坡和她的丈夫、公公都是好友，两人根本没有恋爱关系，只是普通的堂兄妹。这本书里又说，东坡成天练瑜伽，但北宋根本就没有"瑜伽"这个名称，东坡练的实际上是道教的气功。虽然《苏东坡传》里有些内容不够准确，但这本书有个突出的优点，就是书名起得好。《苏东坡传》并不是林语堂原著的书名，原书名叫作 *The Gay Genius*，"Gay"是快乐的意思，"Genius"是天才的意思。所以这本书的标题直译过来就是"一位快乐的天才"。我觉得这个标题用得很好，苏东坡就是一位快乐的天才，他生平经历了那么多坎坷、那么多折磨，阅尽沧桑，但是他始终以一种乐观的态度对待人生、对待生活。这一点对我们非常有启发意义。人生在世存在各种偶然性，普通人所能拥有的生活条件，比如享受什么物质待遇，处在什么地位，基本都是命定，是我们无法选择的。因此，更重要的是我们能不能用一种宽容、潇洒的心态，对待生活，对待人生。如果有，那么即使我们过着简朴的生活，也能从中获得幸福感、美感和诗意。

东坡是一个热爱生活的人。他曾官至翰林学士兼侍读学士，是教小皇帝读书的帝王之师。垂帘听政的高太后曾亲切接见他，并让太监撤下御座旁的金莲烛护送东坡返回翰林院。但是时隔不久，东坡就被贬到海南岛去了。有一天，东坡背着一个大瓢在田野里一边走一边唱歌，碰到一个老太太。老太太对他说，苏内翰，你当年荣华富贵，现在看来像一场春梦。苏东坡说，你说得很对，就给这个老太太起了一个名字叫作"春梦婆"，还写到他的诗里去了。许多人认为，高太后对东坡有知遇之恩，但我觉得最理解东坡的不是高太后，而是这位"春梦婆"。东坡虽然曾经有过锦衣玉食的富贵生活，但他真正欣赏、真正热爱的却是普通、简朴的生活。

在饮食方面，东坡发明的菜肴不仅仅是东坡肉，还有"东坡鱼羹""东坡菜羹"等，形成了一个完整的东坡菜系。他最需要的食材就是普通的蔬菜、猪肉以及鱼肉。东坡肉的发明，是因为他到了黄州以后，发现当地的猪肉特别便宜，他的原话是"猪肉贱如土"，所以他经常买猪肉来做菜，于是才有了东坡肉。广东的荔枝是东坡最喜欢的水果。他一到岭南就说："日啖荔枝三百颗，不辞长作岭南人。"荔枝是广东最普通的水果，东坡却认为它是果中极品。东坡是四川人，他来到江南后，发现江南有种鱼叫作河豚。河豚味道鲜美，但是有毒，东坡的好友李常就是江南人，从来不吃河豚。他说"忠臣孝子不食河豚"，因为中毒死了，就做不成忠臣，做不成孝子了。但是东坡却非常喜食河豚，认为它与荔枝有得一比。据说，东坡离开黄州后，闲居在常州。常州有户人家的河豚做得很好，听说大名鼎鼎的东坡住在城里，就专门请他到家品尝。东坡一听，欣然前往。那天的客人只有东坡一人，他在厅堂独自享用河豚，这家的男女老少则躲在屏风后面，想听听这位大名鼎鼎的东坡怎样评价他家的河豚。没想到东坡拿起筷子闷头大吃，一言不发。过了一会，东坡把一盘河豚全吃完了，筷子一放，说了四个字："也值一死！"所以说，东坡很会生活，有人怕中毒，不敢品尝河豚，但他不怕，因此才品尝到了河豚独特的美味。

东坡是不是只吃好东西？当然不是。他晚年被贬谪到惠州，惠州是个小城，市面上一天只杀一头羊，羊身上好的部位，都被官员、富商买去了。东坡是个流放的犯官，等到他去买，就只剩下骨架。东坡专门写了封信给弟弟，向他推荐羊骨架的妙处。他说羊骨缝里还有点残肉，把肉剔出来，蘸上盐，稍微烤一烤，就像螃蟹一样好吃。后来，东坡到了海南，生活更加穷苦，他的儿子苏过用当地的芋头做成一道"玉糁羹"，东坡也觉得是天下绝味，还专门写了一首诗来赞美它。唐时，韩愈被贬官到广东后，专门写了一首诗，题目叫作《南食》，说南方的食物，像蚝、蛇等，太可怕了，他一样都不敢吃。可东坡不是这样，他在海南岛第一次尝到蚝，这种食物对古代的中原人来说，是不可接受的，但他却说蚝的味道太美了，专门写了一篇短文介绍蚝怎么吃，还叮嘱苏过，千万不要把蚝的美味说出去，以免京城里的人听说后，都争着让朝廷把他们贬到海南来分享我的美味。这当然是讽刺，但也意味着东坡对异乡风味的接纳与喜爱。他全方位地拥抱生活，所以最懂得生活。此外，东坡欣赏风景也是如此，杭州西湖是天下美景，东坡写了很多诗词来题咏。后来，他到了山东密州，那里只有丘陵山冈，但他也把密州写得非常美好。

一生坎坷的逐客

苏东坡一生中遭遇的坎坷很多，长时间处在逆境之中。一个人该如何在坎坷的处境中淡定地活下去，东坡给我们提供了非常宝贵的经验。

东坡德才兼备，是个好人。俗话说，"好人一生平安"，但其实好人真不一定一生平安。苏东坡就是一个典型。东坡才高一代，自然有很多人妒忌他、诽谤他、陷害他，乃至打击他。再加上，当时朝廷党争激烈，一肚子"不合时宜"的他自然难脱政治漩涡。

东坡晚年离开海南儋州，并于第二年，也就是在他去世的两个月前，走进了江苏镇江的金山寺。金山寺的和尚拿出一幅东坡的肖像画，说这是你的画像，请你在上面题首诗，东坡就题了一首六言诗，共有四句，后两句是："问汝平生功业，黄州惠州儋州。"三个地方都是他的流放之地，这句话或许是自嘲，但说得很对。黄州、惠州、儋州的流放虽然是东坡一生中的三个逆境，但也是他的人生三个散发出独特光芒的阶段。

东坡 44 岁那年被朝廷逮捕，关进大牢。当时，他的罪名非常重，形势险恶。后来由于各方的救援，总算得到了赦免，但也遭到了撤职处分，被贬到了黄州。东坡 45 岁那年的正月初一，汴京城里鞭炮连天的时候，东坡在两个差役的押解下前往黄州。这对他来说是生命中的一个巨大落差，一次巨大的打击。东坡年纪轻轻便考中进士，后又考中制科，做官一帆风顺，一路也算春风得意。没想到人到中年，突然成了罪犯，还被流放到了偏僻的小山城黄州。到了黄州以后，东坡不但心情苦闷，经济上也一下陷入困境。由于北宋的制度，东坡被流放后，原来的俸禄就没有了，朝廷只发给一份非常微薄的生活费。东坡一家20多口人，全靠官府发的那点生活费过活。所以东坡到黄州的第二年就必须开荒种地，否则没法养家糊口。"东坡"的名号也由此而来。当年黄州官府把城东山坡上的一块荒地借给他种，那块荒地面积有50亩，原来是驻军的营房，军队开走后，房子拆了，遍地瓦砾，于是东坡开荒的第一步就是捡瓦片、砖块。这个地方在城东山坡上，地名就叫"东坡"。苏轼在那里开了荒，又盖了几间房子，给自己也起了一个号叫作"东坡居士"。假如当年黄州官府借给他种的荒地在黄州城西的山坡上，恐怕我们就会拥有一位"苏西坡"了。

东坡的荒地面积不小，但是它原来不是农田，种庄稼的效果不好。第一季种大麦，收成还好。第二年种水稻，收成很差。一来地不好，二来东坡也不会种，他虽然出身农家，但从小读书，考上进士后就做官，没种过地，所以50亩地打下来的稻子还不够全家人吃。

东坡47岁的那年春天，朋友劝他说，你眼看要在黄州长期生活下去，光靠这块荒地是不行的，最好把家里的积蓄全部拿出来，去买一块好点的地。而且朋友还帮他打听好了，有一个叫沙湖的小村子，离东坡不远，那里有一块肥沃的稻田要出售，把那块稻田买下来，以后就可以得到更多的粮食。三月初七那天，东坡在两个朋友的陪同下到沙湖去看那块地，当时的说法叫"相田"。不过，此行没有买成地，却产生了一首词，标题叫作《定风波》。它的写作背景在小序里写得很清楚：那天早上临出门的时候，天色阴沉，可能会下雨。东坡就叫书童带着雨具，先行一步，到半路上去接应。他跟两个朋友在后面走，因东坡年近半百，那两位朋友估计也是这个年龄，所以一行人走得慢些。没想到，他们刚出门不久，还没走到书童接应的地方，突然刮风下雨，大家都淋成了落汤鸡，两个朋友狼狈不堪。东坡虽然也被淋湿了，但是他并不狼狈，依然淡定、从容不迫地慢慢往前走，一边走一边吟诗。下午回来后，东坡就写了《定风波》这首词。"莫听穿林打叶声，何妨吟啸且徐行。竹杖芒鞋轻胜马，谁怕？一蓑烟雨任平生。料峭春风吹酒醒，微冷，山头斜照却相迎。回首向来萧瑟处，归去，也无风雨也无晴。"这首词的意思是：你们不要听穿过树林、打在叶片上的风雨之声，风雨并不妨碍我们一边吟诗，一边慢慢地前行。我本来脚上就穿着草鞋，可以防滑，再随手在路边捡一根竹竿当手杖，步履很轻快，并不输骑马。风雨有什么可怕？我这个人披着蓑衣，风里来雨里去，都已经走过半生了。他的言下之意是，我这个人连政治上的大风大雨都经过了，自然界的雨丝风片又能奈我何？东坡很潇洒，虽然田没有买成，但是中午还是跟朋友在路边小酒馆里喝了两杯酒，下午带着几分醉意回了家。此时斜阳复出，回头看看上午遇到的风雨萧瑟的地方，既无风雨，也非晴朗，一切都归于空无了。

这首词是写那年三月初七东坡在途中偶遇风雨的经历吗？当然是，因为小序中交代得清清楚楚。但是这首词仅仅是写自然界的一次风雨吗？当然不是，它实际上是写人生途中的风风雨雨，是写在风雨人生中的人生态度。东坡就是带着这种态度从黄州、惠州、儋州三个流放地走过来的。他在三个流放地可不是随便活下来而已，他在逆境中照样有所贡献，把人生的低谷变成了人生成就的高峰。黄州时期是东坡的书法艺术大有长进的时期，也是东坡的词突飞猛进的时期，《念奴娇》等杰作就是在黄州完成的。东坡在海南儋州完成了平生最重要的三部学术著作。离开海南时，途中偶遇大风雨，东坡怀中抱着一个包袱，里面藏着三部书稿，觉得一生没有白过。所以"问汝平生功业，黄州惠州儋州"两句话还真是东坡对人生业绩的总结。

人们谈到东坡在逆境中的表现，往往会片面地将其归结为"旷达"二字。什么叫旷达？旷达的意思就是看得破、想得开。东坡旷达吗？他确实旷达。但是东坡仅仅有旷达吗？当然不是。东坡刚到黄州，内心也感到苦闷，感到孤独，感到委屈。他并没有一下子就旷达。《后赤壁赋》中写道，一个寒冬腊月的夜晚，东坡跟两个朋友来到赤壁山下，朋友留在船上，他一个人爬到山头上去。环顾四周，无非是山高月小、水落石出，一片萧条的冬景。此时此刻，站在赤壁山头的东坡心情很悲凉，《后赤壁赋》里说："悄然而悲，肃然而恐。"他内心有一种悲凉感、孤独感，甚至还有恐惧感，因为朝廷里的政敌还在搜集他的罪证，还在攻击他。但是东坡挺过来了，而他挺过来的最主要原因不是旷达，而是坚韧，是对人生有坚定的信念。东坡被贬到黄州后，朋友李常来信安慰他，东坡回信说，你干嘛要说得这样悲悲切切？我们这样的人本来对自己的道德充满自信心，又认定自己在政治上持有异见是出于正义，所以我们铁石心肠，尽管遭遇不幸，但内心的信念是不变的。可见，支持东坡在逆境中坚持下去的精神力量首先是坚定的信念，然后才辅之旷达，这样才能造就无往而不胜的从容心态。

东坡晚年被贬到惠州，接着又贬到儋州，执政者一心想把他置于死地，因为当时的海南是鬼门关，中原去的人"十去九不回"。东坡 62 岁才到海南，3 年后，65 岁的苏东坡又活着北归了。东坡这个人，你可以摧残他肉体上的健康，但没法从精神上打垮他。人生在世，谁能不碰到挫折？我甚至认为，我们无法规避人生的挫折，无法逃脱暂时的逆境，问题的关键在于当你碰到挫折、处于逆境时，用什么态度来对待它？东坡为我们展现了在逆境中求生存、求发展的成功典范，这一点对我们有巨大的启发意义，也是我今天所讲的东坡的各种意义中最重要的一点。

东坡往矣！他已经远去了，但是他的精神永久留在神州大地上，这是我们中国人都应珍视的一份宝贵的精神遗产。

苏轼文化性格形成的历史文化背景及过程

莫林虎　中央财经大学教授

苏轼文化性格形成的历史文化背景

（一）北宋：中国传统社会转折期

中国传统社会在唐玄宗的开元时期达到巅峰，以安史之乱为标志，进入长达千余年的衰退、停滞时期。

1. 北宋变法的必要性及其失败

宋朝建立后，吸取唐朝藩镇割据的教训，"兴文教，抑武事"，采取崇文抑武的国策，在社会地位、经济待遇以及文化导向上，尊崇文官，抑制武将。

同时，为了强化君权，扩大统治基础，宋朝在军队、政府中设立了大量相互牵制的机构和官员，导致了严重的冗官、冗费、冗兵，造成了军队和行政的超低效率，使财政危机伴随整个两宋王朝。

正是在这种情况下，在北宋最强盛的仁宗、神宗、哲宗时期，实施了庆历新政、王安石变法，以解决迫在眉睫的军政效率低下和财政危机问题。

但不幸的是，庆历新政只持续了一年四个月就以失败告终。而宋神宗极力支持的王安石变法也因王安石两度罢相遭遇挫折，王安石退隐江宁后，宋神宗亲自上阵主导变法，但变法效果却毁誉交加。

此后，宋哲宗、宋徽宗继续实行变法，却将新法中的负面因素进一步放大，最终将北宋变为了南宋。

2. 北宋变法时期的君臣关系

北宋时期的君臣关系，可以说是中国封建社会史中最良好的君臣关系。

宋仁宗、宋神宗对士大夫充分尊重、充分信任，勇于自我克制的同时，也关爱民生，个人品德修为很高。他们所重用的范仲淹、包拯、欧阳修、司马光、王安石等都以拯救苍生为己任，同样在个人品德上堪称世范。苏轼虽与王安石在变法问题上产生了重大分歧，但当苏轼被罗织罪名陷入"乌台诗案"时，已经罢相了的王安石立刻向朝廷进言，要求妥善处理这桩案子。

但就是这样一个中国历史上君臣相待和谐的时期，却遭遇了两次重大的改革失败。这说明传统文化在盛唐进入鼎盛期后，如果不能在发展理路、方向、模式上改弦更张，任何在原有路径上的改革都难以彻底解决问题，有些甚至是自寻末路。

（二）盛宋时期突围的努力与失败

传统社会发展到北宋时期形成僵局：传统小农经济赋税有限、读书人人数增加、就业问题增加、政府管理日趋复杂导致军费行政费增加等。

王安石变法就是针对这些问题进行的改革。它是全方位的、彻底的，并且得到了宋神宗的全力支持，但结局依旧十分惨淡。因为在传统人治体制以及小农经济条件下，王安石变法必然失败。

王安石变法的一个主要目的是解决政府财政问题，青苗、均输、免役、市易等新法都是用来增加政府收入的方法。但在中国传统农业社会，由于财富来源有限且基本恒定，无论出发点多好，政府所谓的"理财"其实质都是"敛财"，最终结果都只能是"与民争利"。

从人类发展史中，我们可以看到，农业的经济效益十分有限。在传统小农经济条件下，就算是风调雨顺，政治清明，最好的状况也不过是大多数人能吃饱饭、有衣穿而已。因此，中国古代王朝都以轻徭薄赋为基本的财税原则，还设立了公益性的农贷制度对处于贫困状态的农民进行救济①。在现代社会中，我们已经发展出了机械化、自动化农业生产技术，但农业不仅不是税收重点（我国从 2006 年起全面取消农业税），甚至还是政府补贴的重点领域。真正能产生较大经济效益的是手工业、机械化大工业、商业以及与之相配合的金融业等。

当时，北宋的手工业已经获得了较好的发展，与之相配合的商业及金融业也繁荣起来，甚至出现了世界上最早的纸币——交子。北宋建立后，"市""坊"分隔的界限被打破，与之相应的宵禁制度也被废除，还设立了主管对外贸易的机构——市舶司。因此，如果北宋政府大力发展这些行业，从中适度收税，应该多少能解决一些问题。

但王安石变法中解决问题的举措不是依靠"放水养鱼"涵养税源——这种方式在王安石等变法派看来效果既慢又不够直接。王安石变法采取政府直接介入金融、商业、物流等工商业的方式，从民间经济手中直接获取财政收入，其结果是：在短期内，这种方式达到了迅速增加财政收入的目的，而从长期看，它破坏了经济运行的基本规律，对社会经济生活产生很大的负面影响，且难以持久。

我们来具体考察一下王安石变法中青苗、均输、免役、市易等财税方面的情况：

青苗法的本质，就是由政府出借高利贷，收取利钱。

均输法的本质，就是由政府控制物流，通过专营获利。

免役法的本质，就是以钱代力，聚敛免役钱。关于宋代的免役法，王夫之指出，北宋所谓的力役，即唐代租庸调的庸，而唐代租庸调已演变为两税加以征收，因此，从理论上说，不再有所谓的差役。而王安石变法中的免役法，实际上就是在两税之外重复征税。

市易法的本质，就是大规模的商品专卖制度，基本做法是由政府控制商业，以获取最大的商业利润。

在北宋以前，通过政府直接介入经济活动获得财政收入的典型案例是汉武帝的盐铁官营、酒类专卖和平准均输制度，其结果导致产品价高质

---

① 杨乙丹、王雅楠：《道义的偏离与创新的失败——传统农贷制度视角下北宋青苗法之再考量》，《古今农业》，2013 年第 2 期。

低，给农业生产、中小工商业和民众生活带来了不便与困难，汉昭帝始元六年（前 81 年）的"盐铁会议"就是在这一背景下召开的。

王安石变法中的青苗、均输、免役、市易等财税方面新法，实际上就是汉武帝时期财税政策的复活及其在金融领域的进一步扩大，其效果我们在后文进一步考察。

由于中国的人治传统，官员的权力得不到有效约束，青苗、均输、免役、市易等财税方面新法在实施过程中，逐渐演变为扰民、害民之政。

以青苗法为例，政策制订的初衷是在每年二月、五月青黄不接时，由官府给农民贷款、贷粮，每半年取利息二分或三分，农民于夏秋两税归还。按理说，官府提供的贷款比民间高利贷利息要低，应该是对普通农民有利的吧？但在实际执行中，基层官员却自行提高了贷款利率。陈雨露教授与杨忠恕博士合写的《青苗法前传：官办农贷的结果》指出："为了敛财，为了完成任务，为了取悦王安石，部分地区青苗法的实际年化利率已经高达 300%，100% 的年化利率则是一种常态。"[①] 由于青苗法的核心目标是获取财政收入，政府为此制订了严格的执行规范，实施业绩考核。一些官员为了完成上级指令，强迫农民借贷，并且要求富户为贫困户担保，导致一旦出现违约情况，就会有一批农民破产，即使是富裕农户也会受到牵连。更有甚者，一些官员还设法让借贷者违约，以此侵吞百姓家财。

关于青苗法的弊端，相关学者已经有了很深入细致的研究成果，如西北农林科技大学杨乙丹和中国农业博物馆王雅楠合写的《道义的偏离与创新的失败——传统农贷制度视角下北宋青苗法之再考量》。此外，陈雨露教授与杨忠恕博士合写的四篇关于青苗法的论文，都从传统农贷和现代金融学的角度对青苗法的弊端与失败做了深刻剖析。其他相关研究还有很多，此处不再赘述。

市易法政策制订的初衷是要制止奸商投机、哄抬物价，由政府成立市易务收购市场上的滞销货物，但在实际推行过程中市易务却演变成专收紧俏商品的营利机构。如果政府的核心目标是稳定物价，那这就是一个纯粹的公益目标，不但不可能盈利，还很可能会亏损。因为市场上都卖不出去的滞销货物被政府收过来，正常情况下只能再由政府低价出售，它怎么可

---

① 陈雨露、杨忠恕：《青苗法前传：官办农贷的结果》，《中国农村金融》，2014 年第 8 期。

能盈利呢？要想盈利，要么对滞销商品强买强卖，要么就对稀缺商品进行垄断经营。

市易务不仅涉足茶、盐、粮、丝、帛、绢等大宗商品，还要插足木梳、芝麻、蔬菜、水果等细碎物品，甚至太医局经营的熟药也要拿出一半给市易务经营。市易务确实在短期内为政府聚集了不少财政收入，但也造成了城市经济系统的崩溃，很多交不起税的中低层市民沦为流民。

关于市易法的弊端，王盛恩先生于 1996 年在《史学月刊》发表《市易法新评》予以剖析。此后，河南省社会科学院研究员魏天安在《中国社会经济史研究》发表了《宋代市易法的经营模式》，其他学者也以它为研究对象做了进一步分析，此处不再赘述。

王安石变法以挽救宋朝政治危机为目的，以"理财""整军"为中心，涉及政治、经济、军事、社会、文化各个方面，是中国古代史上继商鞅变法之后又一次规模巨大的政治变革运动。

与商鞅变法不同，商鞅最终虽被五马分尸，但商鞅之法却在秦国继续实施，并成为此后中国政治制度的基础，"百代都行秦政法"。而王安石变法几经折腾后被废弃，此后中国再无如此规模的改革举措。

（三）苏轼前辈与同辈的命运及文化选择

面对时代困境，苏轼的前辈和同辈都做了积极的努力，他们最终的命运和文化选择都存在相似之处。在这里，我将重点讨论苏轼的前辈欧阳修和同辈王安石。

1. 欧阳修的命运及文化选择

王安石变法之前，他的前辈已经进行了尝试，并以失败告终，那就是庆历新政。王安石、苏轼的老师欧阳修就参与了庆历新政，并提出了方田均税法。欧阳修的思想性格以庆历新政失败，其被贬滁州为界，分为前后两个时期。

欧阳修前期踔厉风发，一往无前；后期却畏讥忧谗，瞻前顾后。作为宋代士大夫的代表之一，欧阳修精神面貌的变化，有着时代意义，其后的王安石、苏轼的文化性格转变都是欧阳修的翻版和深化。

欧阳修长期在朝廷和地方工作，广泛接触了宋代社会的各个方面。他后期思想的彷徨，源于他对宋代社会文化矛盾的深刻理解。从他对方田均税法前后态度的不同，就可看出其思想发展的路径。

庆历三年，欧阳修参与新政，提出方田均税法，但随即被废止。宋仁宗嘉祐年间，欧阳修再度被朝廷起用，并再次推行方田均税法，但这一次欧阳修上了《论均税札子》，根据他所了解到的实际情况，阐述该法的弊端。欧阳修的这一论断后来被王安石的变法结果证明是正确的。王安石变法时也有此法，几上几下，徒扰小民，最终无功而罢。

原来为减轻贫苦农民赋税负担的改革措施，在实际执行中反复地成为官吏横征暴敛的害民之法，这表明宋代的社会组织制度已经出现了严重问题，而社会组织制度的问题很可能与更为根本的文化困境相关联。这一点，后经新法的几次实施，几次失败，终于被证实。

在欧阳修时代，只有他敏锐地领悟到了这一点。他在写于嘉祐四年（1059）的《秋声赋》中哀叹："思其力之所不及，忧其智之所不能""奈何以非金石之质，欲与草木而争荣"。这种深刻的无力感、无助感，我们在李商隐的无题诗中已经很熟悉了，但李商隐是唐代末世终生不得志的落魄文人，而欧阳修却是宋代鼎盛期的显达之人。二人在思想情感上的相似处，表明宋代不可逆转的萧瑟晚秋即将到来。欧阳修对秋声的描写，凄凉、肃杀、令人惊悸，"秋声"已有意无意间成为宋代末世特性的象征。欧阳修把一个曾有志于当世且身居高位的士大夫对时代困境深沉而复杂的情感体验表现得细腻真切，《秋声赋》不啻是中国封建社会的一曲挽歌。

这种对时代危机的敏锐感受在他的《啼鸟》中也有体现：

> 花开鸟语辄自醉，醉与花鸟为交朋。花能嫣然顾我笑，鸟劝我饮非无情。身闲酒美惜光景，惟恐鸟散花飘零。

诗歌妖媚而暗含痛苦，雍容间散发着苦涩。面对这种痛苦，欧阳修用一种开阔、旷达的胸怀来化解，如《黄溪夜泊》中所写：

> 楚人自古登临恨，暂到愁肠已九回。万树苍烟三峡暗，满川明月一猿哀。非乡况复惊残岁，慰客偏宜把酒杯。行见江山且吟咏，不因迁谪岂能来？

面对贬谪，欧阳修用"行见江山且吟咏，不因迁谪岂能来"来宽慰自己，这种随缘任运、淡化苦难的人格模式成为后来苏轼旷达、谐谑文化性格的原型。

2. 王安石的命运及文化选择

王安石是以"天变不足畏，祖宗不足法，人言不足恤"的大无畏政治家气质开始其变法的。与此气质相适应，王安石的诗文都有一种类似于盛唐时期的自信与豪迈，即使在写个人心绪时亦"深婉不迫"。

正因如此，王安石有较多的盛唐人的自信与浪漫幻想，其诗有盛唐意韵。但罢相后王安石的浪漫幻想变为无奈的英雄无路的残梦。

《悟真院》是王安石晚年罢相退居于江宁所写：

> 野水纵横漱屋除，午窗残梦鸟相呼。春风日日吹香草，山北山南路欲无。

诗中有一种面对不可改变的命运时的沉痛之情，但王安石政治家的风度和良好的文化素养，使其在艺术风格上仍能显现出一种"深婉不迫"的气度。而苏轼从这位曾经位居群臣之首、风光无限的同僚、政敌、诗友的命运变幻中，感受到的一定是更为复杂幽深的人生体悟。

苏轼文化性格的形成过程

李泽厚在《美的历程》中说：苏轼在"乌台诗案"后，思想感情由"具体的政治哀伤"，发展为"对整个人生、世上的纷纷扰扰究竟有何目的和意义这个根本问题的怀疑、厌倦和企求解脱与舍弃"[①]。这个说法是很精当的。

"乌台诗案"是苏轼一生的转折点，此后他的思想由早年以儒家思想为主的意气风发，逐渐转变为儒释道融会贯通的圆融通脱。同时，对陶渊

---

① 李泽厚：《美的历程》，合肥：安徽文艺出版社，1994年，第155页。

明的重新认识与推崇、平民化的生活方式，以及大俗大雅艺术风格的最终形成，成为塑造苏轼文化性格的三个主要因素。苏轼个人经历的典型性、超卓的文化禀赋，对前辈、同辈士大夫应对文化困境所创造出来的文化模式的意义与价值的深刻领悟，以及对这种模式进行进一步的升级与完善，最终形成了苏轼独具特色的文化性格。这种文化性格成为中国传统社会后期士大夫应对文化困境的典型模式，它代表着中国传统士大夫理想人格的最终完成。

（一）儒释道融会贯通

"乌台诗案"之前，苏轼圆融通脱的境界就已经开始萌芽了。

《和子由渑池怀旧》作于嘉祐六年（1061）十一月，苏轼时年 25 岁。"飞鸿雪泥"的意象有着明显的禅意，表达的是苏轼对于人生无常、世事沧桑的感慨，表明了苏轼佛学修养，尤其是南宗禅修养之深厚。《传灯录》（或谓《五灯会元》）记载："天衣义怀禅师云：'雁过长空，影沉寒水。雁无遗踪之意，水无留影之心。'"苏轼诗中的禅意与禅宗的意境难分伯仲。

《沁园春·孤馆灯青》作于熙宁七年（1074），这已是王安石变法实施后的第五年，38 岁的苏轼正在由杭州移守密州的途中。"用舍由时，行藏在我"使用了《论语·述而》的典故，子谓颜渊曰："用之则行，舍之则藏，惟我与尔有是夫！"这首词一方面，这表达了苏轼对受排挤的惆怅，另一方面也表现出他对未来仍抱有信心。至于作于熙宁八年（1075）的《江城子·密州出猎》，更是显示出了苏轼建功立业的激情："持节云中，何日遣冯唐？会挽雕弓如满月，西北望，射天狼。"

苏轼生活在一个佛缘很深的家庭。苏轼父母、弟弟苏辙、妻子王闰之、侍妾朝云都笃信佛教，苏轼的宗兄惟简法师，被宋仁宗皇帝赐紫袈裟，并赐号"宝月大师"，他和苏轼交谊深厚。

苏轼从十几岁开始就接触佛教，此后一直都与高僧密切交往。据考证，与苏轼交谊深厚的高僧不下百人。他曾说，"念吴越多名僧，与予善者常十九"[1]。苏东坡在苏杭结识的禅师，有清顺、守诠、仲殊、道臻、

---

[1] 苏轼：《东坡志林》，青岛：青岛出版社，2002 年。

可久、垂云、思聪、惠思、怀琏、善本、道荣等。元丰二年（1079），苏东坡贬谪黄州后，大量阅读佛学经典，与高僧佛印了元建立了密切的联系。

"乌台诗案"对苏轼打击至深。由于当时力推新法的人物已经由王安石变为宋神宗，因此主导"乌台诗案"的李定等人甚至主张要杀掉苏轼。苏轼在狱中感觉在劫难逃，给弟弟苏辙写下诀别诗，其中第二首有"梦绕云山心似鹿，魂飞汤火命如鸡"之语，可见苏轼精神受折磨之深。当时王安石已经二度罢相，宋神宗意欲亲自主导新法实施。而新党因内讧已有分裂之实，旧党因吴充出任宰相而有复起之势。宋神宗要想推进他的元丰改制就必须将旧党势力打下去，重新凝聚其新政力量。"乌台诗案"之所以震惊朝野，其背景就在于此。选择苏轼，是因为他是旧党人物，且是文坛领袖，社会影响力大，有杀一儆百之效。苏辙"东坡何罪？独以名太高"的说法道出了"乌台诗案"的实质。苏轼在经历"乌台诗案"打击后，"平时种种心，次第去莫留"[①]，他在黄州"归诚佛僧，求一洗之……则物我相忘，身心皆空"[②]。

此后，苏轼对佛家经典的研读以及与高僧的交往，使他建立起儒释道融会贯通的人格模式，为他抵御人生灾难、化解精神危机，提供了有效帮助。

黄州时期是苏轼文化性格中佛学思想进一步与儒道思想融合的关键时期。因"乌台诗案"，苏轼被贬为黄州团练副使，元丰三年（1080）二月至黄州，到元丰七年（1084）六月移汝州，苏轼在黄州贬所居住四年多。

《卜算子·黄州定慧院寓居作》是苏轼于元丰五年（1082）十二月或元丰六年（1083）初作于黄州。这是苏轼初贬黄州寓居定慧院时所作，当时苏轼 46 岁或 47 岁。此词中的孤鸿，其实就是劫后余生的苏轼的形象——孤独、惊恐、无助。这样一种心理状态如不及时调适，不仅危及身体健康，甚至可能有性命之忧。

作于元丰五年（1082）十月的《后赤壁赋》有如此描写："划然长啸，草木震动，山鸣谷应，风起云涌。予亦悄然而悲，肃然而恐，凛乎其不可

---

① 苏轼：《子由自南都来陈，三日而别》。
② 苏轼：《黄州安国寺记》。

留也。"这一段及后面的内容，像一个心理实验报告，它把对不可逆转的时代危机的恐惧、凄凉、痛苦以一种类似于心灵感应的方式精微具体地表现出来。《后赤壁赋》晚于《前赤壁赋》三个月。这表明，在《前赤壁赋》等诗词文中，苏轼虽已通过对佛道思想的进一步融合，在相当程度上获得了心理的慰藉和心态的调整，但深刻的时代危机与个人的惨烈机遇给苏轼造成了沉重的心理打击，需要他用后半生的努力来调节。也正因如此，苏轼的文化性格从被贬谪黄州开始，经历了20多年才最终形成。

面对人生灾难和精神危机，苏轼在《前赤壁赋》中以一种融通儒释道的方式去化解：

> 客亦知夫水与月乎？逝者如斯，而未尝往也；盈虚者如彼，而卒莫消长也。盖将自其变者而观之，则天地曾不能以一瞬；自其不变者而观之，则物与我皆无尽也，而又何羡乎！且夫天地之间，物各有主，苟非吾之所有，虽一毫而莫取。惟江上之清风，与山间之明月，耳得之而为声，目遇之而成色，取之无禁，用之不竭。是造物者之无尽藏也，而吾与子之所共适。

这里的思想，既有佛家对于世间万物都是"不生不灭，不垢不净，不增不减"[①] 的认识，也有中国儒道"天人合一"的观念。同样作于宋神宗元丰五年（1082）的《定风波·莫听穿林打叶声》已经锻造出一种乐观旷达的人格模式：

> 三月七日，沙湖道中遇雨，雨具先去，同行皆狼狈，余独不觉。已而遂晴，故作此词。
>
> 莫听穿林打叶声，何妨吟啸且徐行。竹杖芒鞋轻胜马，谁怕？一蓑烟雨任平生。
>
> 料峭春风吹酒醒，微冷，山头斜照却相迎。回首向来萧瑟处，归去，也无风雨也无晴。

---

① 《般若波罗蜜多心经》。

绍圣元年（1094）六月，苏轼再度被贬至惠阳（今广东惠州），途经大庾岭时写下了《过大庾岭》：

> 一念失垢污，身心洞清静。浩然天地间，惟我独也正。今日岭上行，身世永相忘。仙人抚我顶，结发授长生。

当时，苏轼年近六旬，正经历人生第二次贬谪。岭南在当时是荒僻之地，很多人被贬到这里后都因不适应当地水土，抑郁而终。

苏轼用佛家将世间一切有为化解为虚无的智慧，化解掉人生中的极大痛苦。他的这一点在《信笔再书》中表现得更为典型，这是他被贬谪海南时的作品："环视天水无际，凄然伤之曰：'何时得出此岛耶？'"他在环视中突然领悟到一个道理："天地在积水中，九州在大瀛海中，中国在少海中。有生孰不在岛者？"这种"退一步天地宽"的人生智慧有效地化解了他的精神焦虑。

苏轼的归诚佛僧，只是以之化解现世的苦痛，他一生坚持的仍然是儒家思想，"立朝大节极可观，才意高广，唯己之是信"[①]，又从不"俯身从众，卑论趋时"[②]，儒释道思想无碍地化为苏轼的精神血脉，塑造了他坚韧爽朗、通达宽厚的性格，因此在经历了人生的惊涛骇浪后，总结一生甘苦时，他写出了这样的诗句："问汝平生功业，黄州惠州儋州。"[③]

（二）对陶渊明的重新认识与推崇

苏轼文化性格的最终形成与他对陶渊明文化人格和文学创作的重识与推崇有着密切关系。而陶渊明在中国诗史上一流诗人地位的最终确立，也与苏轼对他的重视有关。

作为隐逸诗人，陶渊明的风格平淡、静穆，创造出了一种天人合一、物我两忘的悠然境界。这样的心态像来自一位历尽千帆的长者，是平淡、

---

① 马永卿：《元城语录》。
② 苏轼：《登州谢宣诏赴阙表》。
③ 苏轼：《自题金山画像》。

醇厚、成熟的。它存在于晋宋时期，无疑是超前的，因而也就是难为人欣赏的。晋宋时期，尽管政治混乱、天下多故，但从社会心理上来说，士大夫的价值取向仍然是积极有为的，心态依然是年轻的。真正能够像陶渊明那样，心甘情愿选择退隐，并从退隐生活中获得思想与精神的愉悦的人少之又少。陶渊明之前的阮籍和嵇康，充满了忧愤；与陶渊明同时代的谢灵运，表面上写山水诗，口口声声说退隐，骨子里想的却始终是政治功业。

直到经历了安史之乱后的中唐，陶渊明才被重新认识。此时，中国传统儒家文化最优质的资源在充分释放其光彩后，被士大夫们质疑，儒家一腔热血为国尽忠的理想主义精神在现实中不断地被嘲弄、抛弃，而现实的政治、经济、文化危机日趋严重。于是，刘禹锡、白居易这些有才华、有理想的诗人在经历了人生"气象峥嵘，彩色绚烂"[①] 之后，终于开始理解陶渊明"绚烂之极"的"平淡"[②]。

中国人审美心态的成熟是一个缓慢的过程，从气象峥嵘、彩色绚烂到平淡、静穆、醇厚，需要足够长的时间、足够多的砥砺。

"平淡"在宋代极受推崇，宋代的著名诗人欧阳修、王安石、苏轼、杨万里、陆游等几乎都认同或终生追求这一审美境界。宋人的平淡绝不仅仅是写作上的一种技巧，还是作家在经历诸多坎坷后心态趋向冷静、沉稳、收敛的表征。更重要的是，这不仅仅是某个诗人个性化的体验，而是当时的人们在面对这种根本性的文化困境时，产生的一种普遍心态。正因如此，梅尧臣提出的平淡说，才得到了后人广泛和深刻的共鸣。可以说，他号准了两宋文化的脉，点到了两宋士大夫的痛处、痒处。钱锺书先生说："……一生之中，少年才气发扬，遂为唐体，晚节思虑深沉，乃染宋调。若木之明，崦嵫之景，心光既异，心声亦以先后不侔。"[③] 因此，这种平淡是饱含内容的平淡，是绚烂的平淡。除以上因素外，禅宗的广泛流行也是重要的因素。实际上，禅宗的形成也标志着中华民族心态趋于老成、沉稳。颇为有趣的是，这个高标"平常心是道"的禅宗的形成期正是中国古典文化的巅峰时期——盛唐，这也佐证了苏轼"绚烂之极，归于平

---

① 苏轼：《与侄书》。
② 苏轼：《与侄书》。
③ 钱锺书：《谈艺录》。北京：中华书局，1986 年，第 4 页。

淡"的断言。

苏轼对陶渊明的重识与推崇是在"乌台诗案"之后。为寻找一种应对时代精神危机与疗治个人心理创伤的人格模式，苏轼对陶渊明的精神品格产生了共鸣，并在这个过程中完善了自己的文化性格。

苏轼创作了 120 多首和陶诗。从元祐七年（1092）任扬州知州时起，至绍圣元年（1094）被二度贬谪到惠州后决心"要当尽和其诗乃已耳[①]"，苏轼和陶诗的创作一直持续到贬谪儋州时期。这时，苏轼已近晚年，且贬谪地越来越偏远。苏轼对个人政治前途已经完全不抱希望，甚至在贬谪到海南后能否在有生之年回到中原故土，也是未知数。在这样一种人生困境中，苏轼通过和陶诗，具体而微地体会到了陶渊明当年的人生抉择、精神境界和艺术境界。

从诗歌创作成就的角度看，苏轼的和陶诗也许不是苏轼诗作中最好的。但从他个人文化性格的最终形成来说，和陶诗的创作十分重要。通过和陶诗，苏轼深刻理解了"平淡"的价值，得出了"其诗质而实绮，癯而实腴"[②] 的结论，也为自己文化性格的最终形成确立了方向。

（三）平民化与大俗大雅

钱穆《理学与艺术》指出："论中国古今社会之变，最要在宋代。""宋以下，始是纯粹的平民社会。……其升入政治上层者，皆由白衣秀才平地拔起，更无古代封建贵族及此后门第传统之遗存。故就宋代言之，政治经济、社会人生，较之前代莫不有变。"[③] 苏轼的文化性格中，平民化色彩十分鲜明，在艺术风格上呈现出大俗大雅的特点。

1. 与平民的交往以及大俗大雅风格的形成

苏轼出身于平民家庭，无论是仕途顺利之时还是贬谪之时，对普通民众都以善相待、平等相待，结交了不少平民朋友，也赢得了他们的尊重。

---

① 苏轼：《和陶归园田居》。
② 苏轼：《与苏辙书》。
③ 钱穆：《钱宾四先生全集》（第 23 册），台北：联经出版事业股份有限公司，1998 年，第 280 页。

最著名的是他家乡的"发小"巢谷。巢谷本在农村谋生，在苏轼平步青云时，没来依附求利，在苏轼被贬谪黄州后，却专门到黄州看望他。《大寒步至东坡赠巢三》写的就是这段生活。苏轼晚年被贬海南，已经 70 多岁高龄的巢谷坚持要看望苏轼，最后死于广东途中。

《东坡八首》中写道："潘子久不调，沽酒江南村。郭生本将种，卖药西市垣。古生亦好事，恐是押牙孙。"潘子就是潘丙，字彦明，郭生就是郭遘，字兴宗，古生就是古耕道。他们在苏轼躬耕东坡时，与苏轼一同耕种，被称为"躬耕三友"。苏轼曾与他们多次交游，并留下了诗作，如《正月二十日往岐亭郡人潘古郭三人送余于女王城东禅庄院》《正月二十日与潘郭二生出郊寻春忽记去年是日同至女王城作诗乃和前韵》。其中后者有名句"人似秋鸿来有信，事如春梦了无痕"。在与底层平民朋友的出游中，苏轼体会到了包含禅机禅意的人生境界。这是苏轼在大俗生活中提炼出的大雅格调，也是其性格和创作的突出特点。

苏轼在东坡躬耕期间，还写下了《东坡》一诗：

> 雨洗东坡月色清，市人行尽野人行。莫嫌荦确坡头路，自爱铿然曳杖声。

这首诗平淡隽永，朴实精致。它是苏轼在被政治无情倾轧之后、在艰辛劳作以谋生存之后，重获生活自信的写照，雅致的背后正是平凡粗粝的现实生活。这是苏轼大俗大雅的另外一种呈现。

苏轼在海南期间，与当地民众关系很好。《访黎子云》写道："野径行行遇小童，黎音笑语说坡翁。东行策杖寻黎老，打狗惊鸡似病风。"由此可见，苏轼已经完全融入了当地民众的生活。正是在这种"与民同乐"的环境中，苏轼的诗作呈现出了大俗大雅的风格。《被酒独行遍至子云威徽先觉四黎之舍三首》就是这样一组诗作，其中第一首、第二首如下：

其一

半醒半醉问诸黎，竹刺藤梢步步迷。
但寻牛矢觅归路，家在牛栏西复西。

其二

总角黎家三小童，口吹葱叶送迎翁。

莫作天涯万里意，溪边自有舞雩风。

第一首写的是和黎族同胞畅饮醉后回家的场景，不仅写出了海南热带地区植物繁茂的特点，还出现了"牛矢""牛栏"这样的大俗意象，呈现出人在天涯、乐观放达的豪迈气象，大俗大雅不期而成。

元符三年（1100）六月，苏轼遇赦北归，海南父老乡亲纷纷前来送行，他在《别海南黎民表》中写道："我本海南民，寄生西蜀州。忽然跨海去，譬如事远游。平生生死梦，三者无劣优。知君不再见，欲去且少留！"表达了他与海南人民的深情厚谊。

2. 平民化的生活方式

苏轼的平民化生活方式体现在很多方面，美食和烹饪方面尤为突出。

被贬黄州，他说："长江绕郭知鱼美，好竹连山觉笋香。"[1] 正是在黄州研发"东坡肉"之余，苏轼写下打油诗《猪肉颂》："净洗铛，少著水，柴头罨烟焰不起。待他自熟莫催他，火候足时他自美。黄州好猪肉，价贱如泥土。贵者不肯吃，贫者不解煮。早晨起来打两碗，饱得自家君莫管。"

被贬岭南，他说："日啖荔枝三百颗，不辞长作岭南人。"[2] 被贬谪到更远的海南，他给小儿子苏过写信时说："海蛮献蚝，剖之，得数升。肉与浆入水，与酒并煮，食之甚美，未始有也。"他还开玩笑说："每戒过子慎勿说，恐北方君子闻之，争欲为东坡所为，求谪海南，分我此美也。"[3]

3. 以自嘲化解人生悲苦

通过调侃、自嘲化解人生悲苦是苏轼文化性格中的有机组成部分。他在《初到黄州》中自嘲："自笑平生为口忙，老来事业转荒唐。长江绕郭知鱼美，好竹连山觉笋香。逐客不妨员外置，诗人例作水曹郎。只惭无补丝毫事，尚费官家压酒囊。"

---

① 苏轼：《初到黄州》。

② 苏轼：《食荔枝》。

③ 苏轼：《食蚝》。

在惠州，苏轼甚至因为一首自我调侃的诗被政敌嫉恨，进而被贬到海南："白头萧散满霜风，小阁藤床寄病容。报道先生春睡美，道人轻打五更钟。"[①] 到了海南，苏轼过着"食无肉，病无药，居无室，出无友，冬无炭，夏无泉"[②] 的生活。元符二年（1099 年），六十三岁的苏轼又写下了《纵笔三首》。

其一

寂寂东坡一病翁，白须萧散满霜风。

小儿误喜朱颜在，一笑那知是酒红。

其二

父老争看乌角巾，应缘曾现宰官身。

溪边古路三叉口，独立斜阳数过人。

其一调侃、自嘲衰老，其二写晚年处境之寂寞，可言语间透露出的却是淡然处之的自信。

《侯鲭录》记载：

> 东坡老人在昌化，尝负大瓢行歌田亩者……老妇年七十，谓坡云："内翰昔日富贵，一场春梦。"坡然之。

苏轼之所以认同老妇的说法，是因为晚年的他已经将儒释道有机融合，对人生变幻、世事沧桑早已了然于心。

结　语

苏轼文化性格中最核心的部分是儒释道的融会贯通，以儒家思想为主导，在面对挫折和不幸时以佛道思想应对。同时，他重新认识并广泛推崇

---

① 苏轼：《纵笔》。

② 苏轼：《与程秀才书》。

陶渊明平淡静穆的人格模式和艺术风格，并与北宋时期的平民化社会倾向与艺术风格相结合，形成了圆融无碍、大俗大雅、旷达乐观的文化性格。苏轼在面临人生逆境之时修炼出来的文化性格，为后世士人提供了一种应对困境的方略和具体程序，他的人生态度、人格模式都具有一种典范作用。

从桃源流出的江湖

——苏诗的『江湖』书写

朱刚　复旦大学中文系教授

苏辙在诗里，经常自比颜子，这颜子很安静地住在他的陋巷里[1]；苏轼则喜欢把自己比为鸿雁[2]，年年岁岁，往返飞翔。如果说陋巷是颜子所处的世界，那么鸿雁来去的世界，又被苏轼以何种诗语加以指称呢？作为诗歌意象的鸿，当然经常是飞在空中的，甚至飞去望不见的天际，所谓"渺渺没孤鸿"[3]，但苏轼似乎也会注意到鸿雁停落或栖宿之处，如"应似飞鸿踏雪泥"[4]"拣尽寒枝不肯栖，寂寞沙洲冷"[5]，诸如此类。需要说明的是，鸿在某一处雪地或沙洲，都不过是短暂驻留，毕竟它还拥有天空，所以它的世界流动不居，在《武昌西山》诗中，苏轼写出了这个流动不居的世界：

　　　　山人帐空猿鹤怨，江湖水生鸿雁来。[6]

　　往复飞翔的鸿雁的世界被称作"江湖"，与猿鹤长居的北山，一静一动。猿鹤自是隐士的比喻，而鸿雁就指苏轼这样既不隐居山林又不稳居庙堂的人。庙堂之外的世界不光有山林，还有安静的陋巷和更为广阔的江湖。鸿在江湖的比喻，也曾出现在苏辙的诗里：

①　参见朱刚：《苏轼苏辙研究》，上海：复旦大学出版社，2019 年，第 317—318 页。
②　朱刚：《苏轼苏辙研究》第一篇《何处不归鸿——苏轼的人生与诗》。
③　苏轼：《水调歌头·黄州快哉亭赠张偓佺》，《东坡乐府笺》卷二，上海：上海古籍出版社，2009 年，第 207 页。
④　苏轼：《和子由渑池怀旧》，《苏轼诗集合注》卷三，上海：上海古籍出版社，2001 年，第 90 页。
⑤　苏轼：《卜算子·黄州定慧院寓居作》，《东坡乐府笺》卷二，第 202 页。
⑥　苏轼：《武昌西山》，《苏轼诗集合注》卷二十七，第 1383 页。

建元一二间，多士四方至。翩翩下鸿鹄，一一抱经纬……失足青冥中，投命江湖里。①

作为鸿鹄起落的空间，"江湖"才能与"青冥"（天空）的辽阔相称。当然，表示环境和主体的词语，搭配使用有历史的习惯，江湖、鸿雁并不是陋巷、颜子那样几乎固定的组合，二苏笔下与"江湖"相配使用的似乎以"鱼鸟"为多：

而臣顷在钱塘，乐其风土。鱼鸟之性，既能自得于江湖；吴越之人，亦安臣之教令。②

伏念臣本以鲰生，冒居禁从。顷缘多病，力求颍尾之行；曾未半年，复有广陵之请。盖以鱼鸟之质，老于江湖之间。习与性成，乐居其旧；天从民欲，许择所安。③

如臣草野微陋，章句拙疏。十载江湖之间，自群鱼鸟；五迁台省之要，永愧冠裳。④

十年流落敢言归，鱼鸟江湖只自知。⑤

幸推江湖心，适我鱼鸟愿。⑥

毕竟字面上的"江湖"乃是水域，所以与之适配的主体还有"鱼"，而同时并举的"鸟"里面，应以鸿雁那样的候鸟为主吧。无论如何，包含鸿雁在内的"鱼鸟"明确为作者的自喻，"江湖"就是其身处的空间。那么，作者赋予这个空间的诗意又是什么，就是本文要加以考察的问题了。

---

① 苏辙：《送交代刘莘老》，《苏辙集·栾城集》卷七，北京：中华书局，1990年，第131页。

② 苏轼：《湖州谢上表》，《苏轼文集》卷二十三，北京：中华书局，1986年，第644页。

③ 苏轼：《扬州谢到任表二首》其二，《苏轼文集》卷二十四，第695页。

④ 苏辙：《谢翰林学士宣召状二首》其一，《苏辙集·栾城集》卷四十八，第837页。

⑤ 苏轼：《次韵李修孺留别二首》其一，《苏轼诗集合注》卷二十七，第1381页。

⑥ 苏轼：《和穆父新凉》，《苏轼诗集合注》卷二十九，第1431页。

失意之人被放逐的场所

对"江湖"的书写，恐怕是中国文学最基本的特征之一，在白话小说流行之前，这类书写主要见于诗歌。二十一世纪初，丁启阵先生有《中国古代诗歌中"江湖"概念的嬗变》一文①，简要地梳理了"江湖"一词的语义变化，认为此词本指适合鱼类生存的环境，始于《庄子》，后来被陶渊明转指隐居的场所，及至杜甫，则扩大为在野（与出仕相对）、不在都城（与在朝廷相对）之义，就此定型，而被后人沿袭。尽管丁先生也已指出，杜甫久在江湖，与这个世界的感情是亲切的；但总体而言，跟绝大多数儒家知识分子一样，杜甫毕竟仍希望出仕，向往朝廷，"江湖"并不是实现其人生理想的地方，这个空间的意义基本上是负面的，处在"江湖"的大致是失意之人。

确实，如果我们专看二苏上呈给朝廷的章表，则其中的"江湖"一词，仍是与朝廷相对的世界，而且几乎就是放逐罪人的场所。尤其是贬居黄州以后的苏轼，似乎习惯以寄身"江湖"来表述这段经历：

> 只影自怜，命寄江湖之上；惊魂未定，梦游缧绁之中。②
> 伏念臣猥缘末技，获玷清流。早岁数奇，已老江湖之上；余生何幸，得依日月之光。③

前一段是刚获命离开黄州时所作，后一段是元祐初年在朝时的回顾，所谓"江湖之上"主要指向黄州的经历。这大概因为黄州处在长江之滨，过江就是荆湖北路，可谓名副其实的"江湖"之地。在苏轼贬居黄州的同时，苏辙受兄长连累，也贬居江南西路的筠州，他后来也用"江湖"一词

---

① 丁启阵：《中国古代诗歌中"江湖"概念的嬗变》，《中国典籍与文化》2002 年第 3 期，第 4—9 页。学界对"江湖"加以论述的著作、论文不胜枚举，丁先生的结论与本文内容相衔接，故独举此文。
② 苏轼：《谢量移汝州表》，《苏轼文集》卷二十三，第 656 页。
③ 苏轼：《谢赐御书诗表》，《苏轼文集》卷二十三，第 670 页。

指代贬地：

> 近蒙圣恩除前件官，仍改赐章服者。谪官江湖，岁月已久；置身台省，志气未安。①
>
> 臣家世寒贱，兄弟戆直。早坐狂言，流落江湖而不返；晚逢兴运，联翩禁近以偷安。②

这都是苏辙元祐年间在朝时的回顾，与"台省""禁近"对举的"江湖"，当指其元丰年间的贬地而言。

不过，二苏的生平中，除了在朝、贬谪外，还有一种外任的经历，即离开首都去担任地方官。从语词使用的实际情况来看，苏轼章表也有把外任之地称作"江湖"的，其例如下：

> 臣本缘衰病，出守江湖。以一方凋弊之余，当二年水潦之厄。③
>
> 是以三年翰墨之林，屡遭飞语；再岁江湖之上，粗免烦言。岂此身愚智之殊，盖所居闲剧之致。④
>
> 臣久缘衰病，待罪江湖。莫瞻北极之光，但罄南山之祝。⑤
>
> 臣职守江湖，心驰象魏。⑥

以上皆元祐年间所作，与"翰墨之林"或"象魏"对举的"江湖"，指的是杭州等"出守"州郡。地方政府是朝廷的下属，或者说派出机构，但地理上则与朝廷有一定距离，故在"朝廷—江湖"的二元图景中，地方政府属于前者还是后者，道理上本来是两可的，不同的作者可以各自的方式去处理，从中反映出他们不同的心态。对于苏轼来说，他当然明白地方政府必须听命于朝廷，但仍愿意将其所在地称为"江湖"，这一点是值得注意的。

---

① 苏辙：《除中书舍人谢执政启》，《苏辙集·栾城集》卷五十，第 866 页。
② 苏辙：《免尚书右丞表二首》其一，《苏辙集·栾城集》卷四十七，第 832 页。
③ 苏轼：《谢宣召再入学士院状二首》其一，《苏轼文集》卷二十三，第 681 页。
④ 苏轼：《谢兼侍读表二首》其二，《苏轼文集》卷二十三，第 685 页。
⑤ 苏轼：《上皇帝贺冬表》，《苏轼文集》卷二十四，第 713 页。
⑥ 苏轼：《上太皇太后贺正表》，《苏轼文集》卷二十四，第 714 页。

这表明"江湖"并不能拒绝权力的脉络向这个空间延伸,因此虽在"江湖",仍是"待罪",而且面对旱涝灾害,还有救治的责任;不过苏轼仍愿意强调这是一个跟权力中枢不同的空间,至少容得"衰病"之人,可以"粗免烦言",承受的压力比在朝廷要小一些。

二苏章表中使用"江湖"一词最晚的例子,是绍圣二年(1095)再次贬居筠州的苏辙所作《明堂贺表》,此年九月因明堂礼毕而大赦天下,在严厉打击"元祐党人"的时势中,是个难得的宽弛之令,辙读赦书而上表云:

> 臣顷侍帷幄,稍历岁时。谴责之深,坐甘没齿;江湖之远,犹冀首丘。[1]

在此表中,"帷幄"指向朝廷,"首丘"指向故乡,而所谓"江湖之远",既远离朝廷,又远离故乡,乃是被"谴责"者的放逐之所。对于这种被放逐的命运,苏辙表述的态度是"坐甘没齿"。仅就章表的范围来看,这样的表述充满悲情,出于无奈,但我们若读二苏的诗歌,则不难看到他们对于"江湖",也确实有一种"鱼鸟"之思。

"江湖"可思

跟章表中一样,二苏诗中的"江湖"亦兼指贬所与外任之地。首先,黄州谪居生涯,被苏轼称为"五年江湖",见其对朋友孙觉的诉说:

> 吾穷本坐诗,久服朋友戒。五年江湖上,闭口洗残债。[2]

这里的"坐诗"就指"乌台诗案",此后便是黄州的五年谪居。被他

---

[1] 苏辙:《明堂贺表》,《苏辙集·栾城后集》卷十八,第 1079 页。
[2] 苏轼:《孙莘老寄墨四首》其四,《苏轼诗集合注》卷二十五,第 1251 页。又,苏词《浣溪沙·席上赠楚守田待制小鬟》其二"一梦江湖费五年",亦指黄州谪居,见《东坡乐府笺》卷二,第 233 页。

连累的苏辙，在贬居筠州时期也有"远谪江湖舳尾衔，到来辛苦向谁谈"①"门前溪水似渔家，流浪江湖归未涯"② 等诗句，将贬地称为"江湖"。苏轼于"乌台诗案"前赠朋友李常诗已云：

> 君为三郡守，所至满宾从。江湖常在眼，诗酒事豪纵。③

他说李常离开朝廷后，连着做了三处地方官，所以经常可以看到"江湖"。元丰末年从黄州放归，他也有赠同年蔡承禧诗云："三年弭节江湖上，千首放怀风月里。"④ 此谓蔡氏离朝外任已达三年。可见外任之地，在苏轼的笔下亦属"江湖"。这样，苏轼从熙宁间因反对"新法"而离朝，至元祐归朝，其外任和谪居的时间加起来有十余年，这被他自己称为"十载江湖"，如《次韵胡完夫》云："青山别泪尚斓斑，十载江湖困抱关。"⑤ 与此相似的说法，是黄庭坚《寄黄几复》诗中的"江湖夜雨十年灯"⑥，大概从二黄相别，到庭坚写诗的时候（元丰末），他们在地方州县转辗任职，已有十年了。

元祐归朝的苏辙，回顾此前的经历，也说"流落江湖东复西，归来未洗足间泥"⑦。不过他的笔下，与"十载江湖"相似的表述是"十年江海"：

> 十年江海兴不浅，满帆风雨通宵行。投篙杴杙便止宿，买鱼沽酒相逢迎。归来朝中亦何有，包裹观阙围重城。日高困睡心有适，梦中时作东南征。⑧

---

① 苏辙：《次韵毛国镇赵景仁唱和三首—赠毛—赠赵一自咏》其三，《苏辙集·栾城集》卷十，第 188 页。

② 苏辙：《试院唱酬十一首·次前韵三首》其二，《苏辙集·栾城集》卷十一，第 208 页。

③ 苏轼：《次韵李公择梅花》，《苏轼诗集合注》卷十九，第 945 页。

④ 苏轼：《蔡景繁官舍小阁》，《苏轼诗集合注》卷二十四，第 1226 页。

⑤ 苏轼：《次韵胡完夫》，《苏轼诗集合注》卷二十六，第 1336 页。

⑥ 黄庭坚：《寄黄几复》，《山谷诗集注》卷二，上海：上海古籍出版社，2003 年，第 42 页。

⑦ 苏辙：《次韵刘贡父省上示同会二首》其一，《苏辙集·栾城集》卷十五，第 288 页。

⑧ 苏辙：《书郭熙横卷》，《苏辙集·栾城集》卷十五，第 295 页。

以"江海"指远离政治权力之地，在六朝以来的诗歌中也自成传统，苏辙未尝出海，他所谓的"江海"实际上跟"江湖"的意思相同。值得注意的是，在这首作于元祐年间的诗中，此前的十几年流落江湖的经历，成了梦里追寻的美好过去。水运交通和市镇的发达，使江湖旅途亦具风雨夜行的兴致，不但可以随处止宿，还能遇见不同的人，吃各种不同的鱼，喝各地自产的酒，颇有温情。与此相比，京都又有什么？无非是内城、外城两重城墙包围着一些宫廷衙门而已，身在其中只想睡觉，而梦魂飞回了东南——好不容易归朝的作者，却成了个思念"江湖"的人。同样，元祐年间的苏轼，也有"江湖前日真成梦"[①]"江湖来梦寐，蓑笠负平生"[②] 等相似诗句。

"江湖"有何可思？与固定在一地的都城不同，"江湖"是个流动的空间，苏辙写的"通宵行""东南征"也富有动感，比起困睡一地，在流动空间中的连续行动，当然更有资格成为真正"人生"的内容。人生本来就常被形容为一段旅程，这旅程理应是在流动的空间中展开的，所谓"君为魏博三年客，日有江湖万里心"[③]，保持对远方的向往，才是富有诗意的人生。当然，这个空间不能只是一片荒原野水，其中必须有适合于诗人生存的条件。那么，除了舟楫风帆、买鱼沽酒，二苏的"江湖"还有什么呢？

熙宁九年（1076），密州知州苏轼把州城西北潍水边上的一个送客亭改建为"快哉亭"，时在齐州的苏辙寄诗云：

> 车骑崩腾送客来，奔河断岸首频回。凿成户牖功无几，放出江湖眼一开。景物为公争自致，登临约我共追陪。自矜新作超然赋，更拟兰台诵快哉。[④]

按诗中所云，改建工程并不复杂，主要是多开了几扇门窗，但好处就

① 苏轼：《次韵张舜民自御史出俸虢州留别》，《苏轼诗集合注》卷二十九，第1448页。
② 苏轼：《次韵奉和钱穆父蒋颖叔王仲至诗四首·藕田》，《苏轼诗集合注》卷三十六，第1833页。
③ 苏辙：《和强君瓦亭》，《苏辙集·栾城集》卷三，第41页。
④ 苏辙：《寄题密州新作快哉亭二首》其一，《苏辙集·栾城集》卷六，第110页。

在"放出江湖"进入亭中之人的视野，使自然风景纷至沓来，引人诗兴。上文引用的苏轼赠李常诗"江湖常在眼，诗酒事豪纵"，也是相同的意思。多年以后，苏轼还有"忆昔江湖一钓舟，无数云山供点笔"[1]的回忆。山水风景，自非行走"江湖"者不能饱览。像后来深居宫廷的艺术家宋徽宗，就只好造些假山来寻取诗情画意，却为此承受千古骂名，也算可怜。

与自然山水相伴的，往往还有历史遗迹，这对于二苏这样学者型的诗人，可能更富吸引力。熙宁四年（1071）苏轼出京赴杭州通判任，途中游历镇江，作《甘露寺》诗，苏辙次韵云：

> 去国日已远，涉江岁将阑。东南富山水，跬步留清欢。迁延废行迈，忽忘身在官。清晨涉甘露，乘高弃征鞍。超然脱阛阓，穿云抚朱栏。下视万物微，惟觉沧海宽。潮来声汹汹，望极空漫漫。一一渡海舶，舟舟移樯竿。水怪时出没，群嬉类猨猱。幽阴自生火，青荧复谁钻。石头古天险，凭恃分权瞞。疑城曜远目，来骑惊新观。聚散定王业，成毁犹月团。金山百围石，岌岌随涛澜。犹疑汉宫廷，屹立承露盘。狂波恣吞噬，万古嗟独完。凝眸厌溟漾，绕屋行盘跚。此寺历今古，遗迹皆龙鸾。孔明所坐石，羴羝非人刊。经霜众草短，积雨青苔寒。萧翁嗜佛法，大福将力干。坡陁故镬在，甲错苍龙蟠。卫公秉节制，佛骨埋金棺。长松看百尺，画像留三叹。新诗语何丽，传读纸遂刓。嗟我本渔钓，江湖心所安。方为笼中闭，仰羡天际抟。游观惜不与，赋咏嗟独难。俸禄藉升斗，齑盐嗜咸酸。何时扁舟去，不俟官长弹。[2]

甘露寺在濒临长江的北固山上，苏辙在描写山水风景之后，可能是按苏轼原诗的提示，逐一点到了诸葛亮坐过的狠石、梁武帝造的大铁镬和唐代李德裕画像等历史遗迹，甘露寺拥有的这些遗迹几乎勾连起一部宋前的中国史。最后，苏辙为自己未能同游深表遗憾，希望哪天可以脱离官场，乘上扁舟去"江湖"尽情寻访。因为漫长的中国史把众多的遗迹散布在

---

[1] 苏轼：《次前韵送程六表弟》，《苏轼诗集合注》卷三十，第1496页。
[2] 苏辙：《次韵子瞻游甘露寺》，《苏辙集·栾城集》卷四，第64页。

"江湖"空间，所以这个空间实际上也到处含蕴着深邃的历史感。

值得注意的，还有苏轼作于元祐后期的下面两诗，都提到了"江湖"：

> 都城昔倾盖，骏马初服辕。再见江湖间，秋鹰已离鞴。于今三会合，每进不少留……①

> 淮上东来双鲤鱼，巧将诗信渡江湖。细看落墨皆松瘦，想见掀髯正鹤孤。②

前一首说他在"江湖"见到了朋友，后一首说朋友的书信远渡"江湖"到达自己手上。北宋时期的交通、通信当然没有现代那么便利发达，但与唐五代之前相比，显然有巨大的进步。以前的诗人，相聚交流大抵只在京师，分赴"江湖"后便多孤独寂寞之叹，但对于北宋诗人苏轼来说，他的"江湖"既可以是朋友相见之地，也可以是朋友的书信。客观上，交通、通信以及商品经济等方面的发展，使"江湖"的宜居程度不断提高。

这样，我们在二苏言及"江湖"的以上诗句中看到，这"江湖"间有山水风光，有历史遗迹，有朋友人情，在此行旅酒食，无不催发诗兴。对于诗人来说，除了权力压迫、行政束缚，"江湖"已经不缺乏什么。比起京都，"江湖"甚至更多人间烟火，更适合作为归宿之地。

"江湖"可归

北宋"新旧党争"局面的变化，很大程度上跟宋神宗英年早逝有关。比神宗年长十来岁的苏轼、苏辙，在谪居黄州、筠州的时候，是不敢预想皇帝会比他们更早去世的，所以，此后政局翻转使他们成为元祐大臣，毋宁说是个意外。当苏轼在元丰七年（1084）获准离开黄州的时候，他本人并不认为这是一个政治转机，《别黄州》诗云：

---

① 苏轼：《送张嘉父长官》，《苏轼诗集合注》卷三十五，第 1771 页。
② 苏轼：《次韵刘景文见寄》，《苏轼诗集合注》卷三十四，第 1703 页。

投老江湖终不失，来时莫遣故人非。①

他认为自己还会回到黄州来，因为余生肯定要在"江湖"上度过。这并不是刻意对政治前途作低调的估计，以神宗皇帝掌控政局、坚持"新法"为事实前提，苏轼必须有这样的心理准备。实际上，他在黄州经营东坡，建造雪堂，自号"东坡居士"，也已经是此种心理准备的体现：有意认同黄州，认同"江湖"。

对"江湖"的心理认同，当然不至于使苏轼放弃元祐入朝的机会，毕竟儒家教养赋予士人的政治理想主要须在朝廷才能实现。但元祐年间也有党争，而且局面更为杂乱，官职的升迁并不意味着苏轼的政治诉求都能如愿以偿，当他对京师的官场感到厌倦的时候，"江湖"就越来越具有吸引力。元祐四年（1089）的苏轼回想黄州云：

东坡先生未归时，自种来禽与青李。五年不踏江头路，梦逐东风泛蘋芷。江梅山杏为谁容，独笑依依临野水。此间风物君未识，花浪翻天雪相激。明年我复在江湖，知君对花三叹息。②

此时，苏轼正想申请离京，去担任地方官，所以预计"明年我复在江湖"，而事实上他当年就再莅杭州。此后，他在"江湖"与朝廷之间来来去去，真如鸿雁一般。据其诗语，他更为认同的乃是"江湖"：

老身倦马河堤永，踏尽黄榆绿槐影。荒鸡号月未三更，客梦还家得俄顷。归老江湖无岁月，未填沟壑犹朝请。黄门殿中奏事罢，诏许来迎先出省。已飞青盖在河梁，定饷黄封兼赐茗。远来无物可相赠，一味丰年说淮颍。③

这首诗是元祐七年（1092）苏轼从扬州还朝的时候所作，漫长的行旅

---

① 苏轼：《别黄州》，《苏轼诗集合注》卷二十三，第 1145 页。
② 苏轼：《和王晋卿送梅花次韵》，《苏轼诗集合注》卷三十一，第 1544 页。
③ 苏轼：《召还至都门先寄子由》，《苏轼诗集合注》卷三十六，第 1813 页。

显然令他感到疲倦。朝廷对这位名臣表示了礼遇，知其行近都城，特许门下侍郎苏辙暂停公务，出城迎接兄长，还赐茶慰劳。不过苏轼表示他没有礼物可以回赠，只能把一路上听到的丰收消息告诉担任执政官的弟弟，而对于自己这一次还朝任职，则遗憾地表示"归老江湖"的愿望又一次落空了。"归"字的指向，一般是故乡，也经常是京师，但在苏轼这里却是"江湖"。

确实，翰林学士苏轼的"江湖"之志，屡见诗中，如"今年我欲江湖去，暮雨连山宰树春"①"逝将江湖去，浮我五石樽"②"此生定向江湖老，默数淮中十往来"③ 等，在写给朋友的书信中也说："某江湖之人，久留辇下，如在樊笼，岂复有佳思也。"④ 这样反复表示，并非违心之语，因为就仕宦常情而论，随着苏辙担任的职务愈趋显要，其嫡亲兄长似乎也应以申请外任为宜。就此而言，将外任之地纳入"江湖"，对苏轼来说几乎是必要的，否则除了贬谪，他就与"江湖"无缘了。相对来说，苏辙的政治地位更高，卷入元祐政争更深，尽管也有"万里还朝径归去，江湖浩荡一轻鸥"⑤ 等类似表述，但元祐时期的他除了一度出使契丹外，几乎全部时间都在朝廷。当然，他对兄长的"江湖"之志是完全了解的，还曾寄诗"提醒"苏轼：

> 谁将家集过幽都，逢见胡人问大苏。莫把文章动蛮貊，恐妨谈笑卧江湖。⑥

苏辙在契丹见闻了苏轼及其作品在当地的影响，觉得如此声名远播，恐怕会妨碍其"江湖"之志的实现。

既然"江湖"是一个"朝廷"之外的空间，而"朝廷"才是儒家政治

---

① 苏轼：《潘推官母李氏挽词》，《苏轼诗集合注》卷二十八，第1393页。

② 苏轼：《复次韵谢赵景贶、陈履常见和，兼简欧阳叔弼兄弟》，《苏轼诗集合注》卷三十四，第1696页。

③ 苏轼：《淮上早发》，《苏轼诗集合注》卷三十五，第1766页。

④ 苏轼：《与刘贡父七首》其七，《苏轼文集》卷五十，第1467页。

⑤ 苏辙：《题王诜都尉设色山卷后》，《苏辙集·栾城集》卷十六，第316页。

⑥ 苏辙：《奉使契丹二十八首·神水馆寄子瞻兄四绝》其三，《苏辙集·栾城集》卷十六，第321页。

理想、人生价值的实现地，那么"归"去"江湖"又有什么意义呢？如果仅仅是为了逃避政争、休歇身心，则归隐"山林"更符合诗歌的表现传统。逃避的空间，只需要一丘一壑，用不着"江湖"那么辽阔。但苏轼向往的，确是辽阔的空间，而且他的诗歌对此有异常杰出的把握：

> 江夏无双种奇茗，汝阴六一夸新书。磨成不敢付僮仆，自看雪汤生玑珠。列仙之儒瘠不腴，只有病渴同相如。明年我欲东南去，画舫何妨宿太湖。①

此诗以"江"起，以"湖"结，笔者以为是苏诗"江湖"书写的巅峰之作。"江夏无双"指黄庭坚，他把家乡的双井茶送给苏轼，并赠诗，苏轼次韵答之，却由长江流域的黄庭坚联想到了汝阴（颍州）的六一居士欧阳修，后者曾在自己的著作中盛赞双井茶。然而，当"江夏无双种奇茗"的时候，其实"汝阴六一"墓木已拱，首二句所写的事并不发生于同一时间，作者以对仗之法加以并置，是把时间间隔转化成了"江夏—汝阴"的空间距离。接下来，两句写黄庭坚精心制茶，两句写欧阳修生前"病渴"，正需要好茶，这两者之间的时间间隔也被抽去。"病渴"就是糖尿病，同样患有此病的，还有汉朝的司马相如，其在当代文坛首屈一指的地位，正与欧阳修相同。司马相如被带出，使被抽去的时间间隔更大。最后两句，苏轼自己出场，"明年"二字把时间因素稍稍放出，但立刻又被转化成空间距离：他想把自己安置到东南的太湖上。苏轼使用了真正堪称"空间诗学"的高超手段，把漫长的时间都折叠到空间之中。太湖之思绝对不是逃避行为，而是有意在开拓空间："汝阴"一名自与汝水相关，而北宋颍州实因流入淮河的颍水得名，当时已有大运河沟通淮河、长江，从长江再往南，才连到太湖。很显然，苏轼通过自己的水运交通经验，达成了对"江湖"流动空间的宏观把握，而由双井茶所象征的文人风雅生活，就在此空间中传递。另一方面，如果我们把诗中被作者有意压扁的时间轴释放开来，则在种茶的弟子和著书的老师之间，东坡画舫的驶入，也是绝对不可缺少的，三代师弟由此得以连贯，而向上追溯，还能望见司马相如的身

---

① 苏轼：《黄鲁直以诗馈双井茶，次韵为谢》，《苏轼诗集合注》卷二十七，第1382页。

影。这样的一个世界，令人神往，苏轼赋予它的文化意义，非一处"山林"可以承担，而必须是"江湖"。

一种风雅的生活充盈在"江湖"，一缕亘古的诗意延绵在"江湖"，一个伟大的文明崛起在这个辽阔的空间。苏诗对"江湖"的书写，至少在建构其人文景观的方面，是远远超越杜甫，超越前人的。"江湖"的意义不再是负面的，它承载了我们的文化，是文化人真正的归宿。

通向桃源的"江湖"

苏轼有"我家江水初发源"[1] 之句，认为自己的家乡是长江的源头，后来两度任职杭州，歌咏西湖并成功地治理西湖，他对于"江湖"的好感，很可能跟这样的经历相关。不过，既然"江湖"可以泛指朝廷之外的所有地方，那么在为这个空间赋予意义的时候，诗歌传统中借"山林"意象来表现的隐逸文化，其实也被包含其中。早在熙宁初年，苏轼诗中想象的"江湖"就是有不少隐士的：

> 江湖隐沦士，岂无适时资。老死不自惜，扁舟自娱嬉。从之恐莫见，况肯从我为？[2]

他说"江湖"上的这些隐士，或许也不乏为国家出力的才干，却愿意逍遥自在，空度一生，"我们"既找不到他们，他们也不肯来找"我们"。此时出仕不久的苏轼对"江湖"尚有陌生之感，但由此不难看到，隐逸文化是宋人"江湖"想象的底色，这是由文化传统决定的。

当然，由于把各级地方政府的所在地也纳入了"江湖"的范围，隐逸文化就不能覆盖这个空间的全部了。实际上，随着水陆交通和信息传播的发展，政治控制力的加强，再加上北宋统治的疆域比汉唐狭小等因素，从京城延伸出来的权力脉络已经遍布"江湖"空间。这方面，苏辙曾有明确

---

① 苏轼：《游金山寺》，《苏轼诗集合注》卷七，第 274 页。
② 苏轼：《秀州僧本莹静照堂》，《苏轼诗集合注》卷六，第 218 页。

的表述，他在替朝廷起草的命令中说：

> 敕具官某等：朕惟古之圣王，不泄迩，不忘远，虽在江湖万里之
> 外，视之如畿甸之间，是以并择才能，以察狱讼……①

虽托言"古之圣王"，其实基于作者在当代的切身感受，所以他告诫新任的地方官说：即使你们跑到了"江湖万里之外"，朝廷仍能看到你们的所作所为。事实确乎如此，就像苏轼在杭州、密州写一些诗抒发不满的情绪，就会引来一起"乌台诗案"。所以，"江湖"并非安全的避世之处，其与隐逸文化将构成何种关系，是个值得深入思考的问题。

苏轼用诗歌表达了他的思考结果。在经历了"乌台诗案"、黄州谪居以后，元丰八年（1085）赴登州途中，苏轼重访离别十年的密州，自和旧诗云：

> 伛偻山前叟，迎我如迎新。那知梦幻躯，念念非昔人。江湖久放
> 浪，朝市谁相亲。却寻泉源去，桃花逢避秦。②

诗中的伛偻老人，看来曾是苏轼的旧识，但似乎已经不能认出苏轼了。一别十年，经历了这么多事，确实改变很大。"江湖久放浪"大概指黄州谪居，以及离开黄州以来的长途漂泊，按今天的行政区划，苏轼从湖北出发，走过了江西、安徽、江苏、河南四省，又到达了山东。比起"朝市"，他已经习惯于这样流动的"江湖"生涯。虽然此时的苏轼是走在复起为官的途中，但诗末表达的愿望，并不是从"江湖"走向"朝市"，而是想掉转方向，去寻找"泉源"。毕竟"江湖"在字面上是个水域，所以必然有个源头，而他想象中的这个"泉源"，是陶渊明笔下的桃花源。这一点具有非常重要的象征意义：东坡先生为他的"江湖"找到了一个源头，就是桃源！苏诗"江湖"书写的又一个点睛之笔出现了。

我们知道，陶渊明是隐逸文化的一个标志，在诗歌批评史上，也是苏

---

① 苏辙：《邹极江西提刑何琬府界提刑（制）》，《苏辙集·栾城集》卷二十八，第477页。
② 苏轼：《再过常山和昔年留别诗》，《苏轼诗集合注》卷二十六，第1310页。

轼把陶渊明提到了至高无上的地位,其"和陶诗"更享盛名。至于苏轼对"桃源"的具体认识,则有明确的论述性文字,就在《和陶桃花源》诗的引言:

> 世传桃源事,多过其实。考渊明所记,止言先世避秦乱来此,则渔人所见,似是其子孙,非秦人不死者也。又云"杀鸡作食",岂有仙而杀者乎?旧说南阳有菊水,水甘而芳,民居三十余家,饮其水,皆寿,或至百二三十岁。蜀青城山老人村,有五世孙者。道极险远,生不识盐醯,而溪中多枸杞,根如龙蛇,饮其水,故寿。近岁道稍通,渐能致五味,而寿益衰。桃源盖此比也欤?使武陵太守得而至焉,则已化为争夺之场久矣。常意天地间若此者甚众,不独桃源。予在颍州,梦至一官府,人物与俗间无异,而山川清远,有足乐者。顾视堂上,榜曰"仇池"。觉而念之,仇池,武都氐故地,杨难当所保,余何为居之?明日,以问客。客有赵令時德麟者,曰:"公何问此?此乃福地,小有洞天之附庸也。杜子美盖云:'万古仇池穴,潜通小有天。'"他日工部侍郎王钦臣仲至谓余曰:"吾尝奉使过仇池,有九十九泉,万山环之,可以避世,如桃源也。"①

他首先否定了"桃源"为神仙世界的说法,然后举出南阳菊水、蜀地青城山老人村两个例子,认为这样保持自然生态与淳朴民俗的偏远区域,不与外界相通,就是现实中的"桃源"了。天下之大,类似的地方应该不少,陶渊明只是偶然到访了一处而已。引言的后半篇讲了苏轼梦至"仇池"的事,经过一番考问,最后确定"仇池"其实就是相对隔世的一处"桃源"。这个"仇池"之梦对苏轼影响不小,笔下多次道及,我们基本上可以把"仇池"看作苏轼心中的"桃源"。另外,在《和陶桃花源》诗中,苏轼还提到了"蒲涧安期境,罗浮稚川界",即广州城外的菖蒲涧和惠州的罗浮山,相传都是仙人的居所,但在苏轼看来,也跟"桃源"类似。总之,"凡圣无异居,清浊共此世……桃源信不远,杖藜可小憩",这浊世之中,原本也有不少"桃源"与我们同在,随时可以前往小憩。陶渊明赋予

---

① 苏轼:《和陶桃花源并引》,《苏轼诗集合注》卷四十三,第 2199 页。

"桃源"的隐逸文化被继承下来,但其神秘感消失,大抵就是处于僻远之地,不易受外界影响,人情风俗比较淳古的自然村落而已,当然它们还有一个共同点,就是都拥有水源。水其实是生命存在所必需的条件,但妙处在于,既然拥有水源,便可与"江湖"相通。于是我们看到中国诗歌史上颇具象征性的一幕:从陶渊明的"桃源",流出了苏轼的"江湖",东坡"和陶诗"就是"江湖"向其源头"桃源"的致敬。

当然,我们只能从苏轼的诗里看到他以"桃源"为"江湖"之源的构思,其论述性文字没有直接把两者相联结的说法。但诗人灵光一闪,联想及此,正是其真实心态的展露,极堪珍视。而且,在山的泉源,流出为江水,这原是传统的山水画经常表现的内容,苏轼就曾看到一幅这样的《烟江叠嶂图》,为之题诗云:

> 江上愁心千叠山,浮空积翠如云烟。山耶云耶远莫知,烟空云散山依然。但见两崖苍苍暗绝谷,中有百道飞来泉。萦林络石隐复见,下赴谷口为奔川。川平山开林麓断,小桥野店依山前。行人稍度乔木外,渔舟一叶江吞天。使君何从得此本,点缀毫末分清妍。不知人间何处有此境,径欲往买二顷田。君不见武昌樊口幽绝处,东坡先生留五年。春风摇江天漠漠,暮云卷雨山娟娟。丹枫翻鸦伴水宿,长松落雪惊醉眠。桃花流水在人世,武陵岂必皆神仙。江山清空我尘土,虽有去路寻无缘。还君此画三叹息,山中故人应有招我归来篇。①

此诗前半部分再现了画中内容,苍崖绝谷之间的泉水,流出谷口而为平川,然后江面越来越宽阔,乃至"吞天"。"君不见"以下描写了黄州的四季之景,我们知道黄州经历便是苏轼念念不忘的"五年江湖"。接下来"桃花流水在人世,武陵岂必皆神仙",正同于《和陶桃花源》中的说法,意谓世间流水,必可上溯到一个现实的"桃源",只看你有没有决心去寻这条归路。

苏轼当然知道,他的"江湖"已是来自朝廷的权力延伸之地,但他仍坚持这"江湖"之水是从"桃源"流出来的。由"桃源"而"江湖",是

---

① 苏轼:《书王定国所藏烟江叠嶂图》,《苏轼诗集合注》卷三十,第 1526 页。

一种精神文化的延伸，与权力延伸的方向正好相反，但必须有来自"桃源"的一脉，才能保证这"江湖"是个诗意空间。

余　论

以上汇集了苏轼、苏辙书写"江湖"的许多文本，按其语脉，结合作者的经历，求索其表达的含义，认为他们笔下的"江湖"已被建构成崭新的诗意空间。基本上，本文还未涉及同时代的其他诗人，他们其实也有不少相关的书写，而论及宋人的"江湖"观念，出现于南宋的一个被称为"江湖诗人"的群体，也是不能忽视的。学界对"江湖诗人"或所谓"江湖诗派"已有许多考论乃至争议①，从梳理历史现象的角度看，以"江湖"与"庙堂"之对举来确定这里的"江湖"含义，从而据诗人的非士大夫（或高级士大夫）身份来确定"江湖诗人"的范围，是比较简捷、容易操作的方法，我也曾如此主张。不过，个体的社会身份，与其精神认同、审美倾向，毕竟不能完全对应，而彼此划分畛域。鉴于苏诗的巨大影响力，我相信经他们书写的"江湖"，已经不专属一部分"江湖游士"，而是所有诗人共享的一个诗意空间。而且，这个空间以隐逸文化为底色，但不能拒绝政治权力的延伸，山水风光、历史遗迹、亲朋友谊、民情风俗乃至高雅的人文传承，毕集于此，与后世白话小说描写的"江湖"相比，明显缺少粗暴的市井、草莽之气，基本上仍属于士大夫文化。这就意味着，"江湖"书写本来就是士大夫文化发展出来的一个部分，如果一位高级士大夫，愿意一心一意书写他的"江湖"生活、"江湖"情思，那就没有人可以规定他不能做个"江湖诗人"，如果他仅存的作品显示出与别的"江湖诗人"相似的情致，那我们仅据身份而把他逐出这个群体之外，就毫无必要。总之，对于诗人来说，"江湖"既意味着一种身份，也意味着一个诗意空间，这两方面都值得我们重视。

---

① 侯体健：《"江湖诗派"概念的梳理与南宋中后期诗坛图景》，《文学遗产》2017 年第 3 期，第 81-94 页。

苏东坡形象塑造初探

朱万章　中国国家博物馆研究馆员

历代文人中，传世画像最多者，当属苏东坡。苏东坡的同时代人，如李公麟画过为数众多的苏东坡画像。元明清以来，以苏东坡为主角的绘画更不胜枚举。不仅他人为苏东坡画像，苏东坡也画过自画像。据《清河书画舫》记载，"宋苏长公自画背面图赞，画举扇障面，并作'元祐罪人写影示迈'八字，杨廷秀有跋"，可知其所画的自画像是背影，乃以长扇遮面，是送给长子苏迈的。遗憾的是，现在我们并未见到有关此画的原本或摹本传世。在现存的苏东坡画像中，若以形式而论，可分为整身像和半身像两类，整身像又分为站姿像和坐姿像，半身像又分为正面像和侧面像；若以载体而论，可分为石刻像和手绘本两种。因石刻像多由手绘本摹勒刻石而成，也有一些手绘本从石刻像中临摹而来，二者你中有我，我中有你，密不可分，故将其合而论之。若以绘画技法而论，这些画像还可分为白描（线刻）和设色两类。当然，有的画像有衬景，有的画像无任何衬景，不一而足。

　　这些画像，若从源流来看，有源自传移模写、陈陈相因，也有来自画家的独创。从传世作品的时代来看，最早为元代，明代次之，清代最多。从无数的苏东坡画像中，大抵可看出苏东坡形象的生成、传播与其文学、艺术及人格魅力是密切相关的。

以赵孟頫画像为源流的整身像

　　若以绘本而论，赵孟頫所绘的《苏东坡画像》（台北故宫博物院藏，以下简称"赵孟頫本"）是目前所见传世最早的苏轼肖像。该画像附于赵孟頫的《行书赤壁二赋》册之后，画像本身并无署款，仅在画心右上侧钤朱文方印"赵"，画心左下侧钤骑缝印，或为鉴藏印。书画册后有鲜于枢题跋二开："近世诸贤书画，不能俱传。李伯时亦善书，今独称其画。王黄华亦善画，今独传其书。盖以所长掩其所短故也。子昂学士书画俱到，他日必能俱传无疑。大德五年（1301）八月五日，困学民鲜于枢题子昂画东坡像及书二赤壁赋后"。画心钤印及鲜于枢题跋俱可印证此像为赵孟頫所绘无疑。

元·赵孟頫《苏东坡画像》，纸本墨笔，27.2cm×10.8cm，**台北故宫博物院藏**

可以看到，这组新的画像虽然外形有了一定的变化，但整体的构图包括背景都与原图的风格一致。

此像为白描画法，在赵孟頫传世人物画中，这类画法并不多见。画中，苏东坡身穿对襟儒服，头戴东坡巾，身系黑色腰带，脚穿布鞋，右手持竹杖，向右侧身站立。其脸型略长，清癯，有稀疏的胡须。赵孟頫与苏东坡生活的年代相隔二百四十八年。在赵孟頫生活的年代，应该不难见到苏东坡同时代人（如李公麟等）所绘苏东坡画像，故此像应该并非赵氏想象图之，应是有所本，因而此像也是目前所见最接近苏东坡本尊的画像之一。

以赵孟頫所绘画像为母本，直接或间接衍生出诸多的摹本或临本。最为典型的莫过于徐玟和焦秉贞的苏东坡画像。

　　徐玟，字采若，号华坞，江苏长洲（今苏州）人，与宋荦同时，与同里柳遇齐名，史载"两人凡临摹古本逼真处，亦可谓之翻身凤皇也"，可见是以临摹古画逼真著称。徐玟临摹《苏东坡画像》是线刻版画，是苏东坡诗文集前所附刊的画像。在版心上侧刻"赵松雪画东坡先生遗像"，版心左下侧题"长州徐玟摹"，版心左上侧刻赵孟頫印"赵"。此像是对赵孟頫画像的摹绘，但细部略有不同。徐玟摹本所绘苏东坡身材略胖，脸部略显方形，下巴平整。赵孟頫所画像身材略瘦，长脸，下巴略尖。"赵孟頫本"画像中苏东坡的竹杖上端竹节较短，弯曲幅度较小，竹杖下侧在腰带两端之外，徐玟摹本的竹杖上端竹节较长，弯曲幅度较大，竹杖下侧只在腰带右侧一端。"赵孟頫本"画像中苏东坡穿的是平底布鞋，徐玟摹本中苏东坡穿的是翘角的木屐。虽然如此，徐玟摹本还是基本忠实地传承了赵孟頫原作的造型，二者之间母本与摹本之间的关联还是非常清晰的。该摹本也是最接近赵孟頫原本的苏东坡画像。

徐玟摹《苏东坡小像》

　　与徐玟摹本相似的还有其他的线刻版画，如清人王文诰的《苏文忠公诗编注集成》中所刊的苏东坡线刻像，版心右上侧刻"苏文忠公遗像"，左下侧刻"赵松雪摹"。对开有王文诰题像赞："道在忧国，心惟活民。不为空言，独此才真。文字之谤，无古无今。舍之则藏，用之则行。孔子曰：惟我与尔有是夫。"王文诰所处的时代要比徐玟略晚一个世纪左右。该画像中的木屐、竹杖均与徐玟摹本一致，故应是对徐玟摹本的翻刻或再临摹。版心中所刻"赵松雪摹"应是摹自赵松雪之意，说明其原始的版本来自"赵孟頫本"。《历代名人绣像选》中的苏东坡画像，便是选的《苏文忠公诗编注集成》中所刊的苏东坡线刻像。

焦秉贞是清代康熙年间的宫廷画家，他因供奉宫廷的缘故，有机缘看到清宫所藏赵孟頫《行书赤壁二赋》册。其《苏东坡像》（布拉格国立美术馆附属那普杜尼美术馆藏）便是临摹自"赵孟頫本"。作者题识曰："戊辰清和月上浣焦秉贞画"，可知此画绘于康熙二十七年（1688）。虽然焦氏并未注明此画的源流，但从人物造型便可看出其与"赵孟頫本"的直接关系。画中的苏东坡拄杖朝右侧站立，较"赵孟頫本"略显肥胖，其布鞋为翘角。其腰带的下摆飘动，左侧一条飘动幅度尤大，竹杖只在腰带左侧一条之上。当然，人物的脸型和"赵孟頫本"是最大的不同。此像中没有清瘦之相。由此不难看出，焦氏此画或为意临之作。

徐玟和焦秉贞的摹本或临本之外，在"赵孟頫本"基础上，还衍生出了其他的异本。现藏于中国国家博物馆的两件苏东坡半身画像即是源于此（以下分别简称"国博甲本"和"国博乙本"）。两件半身画像均为清人佚名所作，二者相似度极高，"国博甲本"或为"国博乙本"的母本，"国博乙本"年代略晚，或为摹本。两画虽然只是半身像，但从其造型看，可见其与"赵孟頫本"的关联。画中的苏东坡向右侧身，右手持竹杖。两画均在"赵孟頫本"的基础上，为画像上色。虽然从造型上看，两画与"赵孟頫本"的关联度极高，但人物细部及衬景也有很大不同。"赵孟頫本"的苏东坡较为瘦小，此两画中的苏东坡略微肥硕。对襟的衣服也不同："赵孟頫本"的衣服齐身至脖颈处，此两画中的衣服则是低胸，且两画的竹杖上端并无弯曲处。两画或并非依葫芦画瓢，而是在"赵孟頫本"基础上有所变化。

如果说"国博甲本"和"国博乙本"大致沿袭了"赵孟頫本"的艺术造型，清人邬澍的《苏文忠公像》（浙江省图书馆藏，以下简称"邬澍本"）则完全是在"赵孟頫本"的基础上进行了变革与创新。邬澍在画心的题识中谈到了绘制此像的缘起："苏文忠公文章名望卓绝，古今其动。后人之景慕者，良有以也。今年六月，于役武林，得公所制紫石研一方，其形如瓦，上有铭卅二字曰：其色温润，其制古朴。何以致之，石渠秘阁。改封即墨，兰台列爵。亦宜宝之，书香是托。作小行书，旁署公名，背碾石渠阁瓦四篆字，下镌元符三年仲秋佳制，亦作行书。按公诗文集并未载此砚铭，而要之石质温润，书法苍劲，盖无疑为公之遗研也。公集不载者，殆当时偶遗之尔，今获此砚，正可以补公集之所未备。摩挲一过，喜公之手泽犹存，爱敬绘公像以寄生平仰慕云。咸丰九年孟冬朔日，楚北邬澍恭跋并书。"钤朱文长方印"澍印"。据此可知，作者是因为得到一方刻有苏东坡铭文的砚台而生发感叹，因而绘制此像"以寄生平仰慕"之情。题识中并未讲到此像的源流，但从画像的造型看，当与"赵孟頫本"有较大的传承关系。

与"赵孟頫本"不同的是，"邬澍本"画像中苏东坡站姿相反，朝左侧身。苏东坡所穿儒服及所戴巾帽和所持竹杖均相似，惟所穿鞋子不同于"赵孟頫本"，却与徐玫摹本的翘角木屐接近。当然，此画像中人物飘逸的须髯亦较为浓密，且长至胸前，而"赵孟頫本"中只是稀疏且较短的胡须。"邬澍本"画像作于清咸丰九年（1859 年），此时，含有"赵孟頫本"画像的赵孟頫《行书赤壁二赋》册收藏在清宫，作为行政级别并不高的中下层官员，邬澍应无机缘看到"赵孟頫本"原画，故有理由相信，邬澍应是对所看到的苏东坡各类诗文集刊本中的苏东坡画像的传移模写。刊本中所刻画像，因翻刻或印制的缘故，可能会使画像造型与绘本造像相反，因而也就出现此像与"赵孟頫本"造型相反的情况。

以"宋本真像"为源流的整身像

在"赵孟頫本"苏东坡画像之外，石刻像中也出现了较为早期的苏东坡形象。因石刻本身是在绘本基础上的翻刻，属下真迹一等，与真迹相比已经有失真的现象，但在真迹失传的前提下，石刻很大程度上保留了真迹的原貌。《苏文忠公宋本真像》即是如此（以下简称"宋本真像"）。

《苏文忠公宋本真像》现在所见的拓本有宜兴蜀山书院本。石刻像右上侧刻有"苏文忠公宋本真像"八字，画心左下侧有韩是升题跋。该题跋谈到江苏宜兴蜀山书院原为苏东坡买田筑室之处，明代由侍郎沈晖购买了遗址建祠塑像，当地人讲学其中。到了乾隆四十五年（1780），袁知来到当地为官，嫌此地太偏僻，就将此祠迁到城西的会真庵附近，仍命名为"蜀山书院"。乾隆五十九年（1794），韩是升主持书院，其时，其乡人陆恭藏有宋本苏东坡画像，遂请人摹勒刻石，将碑刻放置于讲堂左侧，以"朔望瞻礼"。此举得到了当时的文官阮叔基和唐仲冕割俸赞助。画像下侧则由陆恭临写像赞，且在画像右下侧注明此像由刘希声勒石。据此可知，此石刻像来自乾隆时期陆恭所收藏的宋人所绘苏东坡画像，但未详该画像的原始作者。画像中，苏东坡胡须稀疏，头戴东坡巾，身穿宽袍，脚蹬布鞋，双手合抱于衣袖中，置于胸前，向右侧身而立。无独有偶，在上海图书馆藏有一件清拓苏东坡石刻像，画像右上侧也刻"宋苏文忠公真像"字样。据晚清时期的鉴藏者周梦坡题跋所言，此像是由其所藏蕉叶白砚石背后所镌刻的苏东坡画像拓印。该画像为半身像，其手势、服饰与朝向均与前述"宋本真像"一致。

明清以降传承"宋本真像"的苏东坡画像，目前所见的明代画像至少有两种，分别为佚名《苏东坡像》（美国王季迁藏，以下简称"王季迁藏本"）和苏轼《书治平帖》卷（故宫博物院藏）前所附的《苏东坡像》（以下简称"治平帖本"）。其余大量的苏东坡画像均为清代所作。

苏轼《书治平帖》卷前画像，纸本墨笔，故宫博物院藏

"王季迁藏本"《苏东坡像》为白描绘制。所绘苏东坡身穿白色宽袍，向右侧身而立，双手相抱于袖中，置于胸前。此像中，东坡须髯浓密，身系黑色腰带，头戴东坡巾，脚穿翘角布鞋，身材略显矮小，略为肥硕。此

类像在宋元时期的名人画像中较为多见，如《南宋中兴四将》（中国国家博物馆藏）等，都是画一人独立整身像，其像主以宋代名人居多。此像当为明代中期甚至更早时期画者临习宋元绘本之作。

"治平帖本"与"王季迁藏本"年代相近，是继"赵孟𫖯本"和"王季迁藏本"之外存世较早的苏东坡画像。画中的苏东坡身穿长袍，头戴巾帽，脚穿平底布鞋，双手抱拳笼于袖中，向左侧身站立。苏东坡面带微笑，其脸型也略长，较赵孟𫖯笔下之苏东坡略丰润，却又比"王季迁藏本"清瘦。此像所绘之长袍也较为复杂，肩带飘动，袖口更为宽松修长，长袍下侧出现双层。这两件明代的苏东坡画像在脸型方面几无相似之处，但其站姿及手势等除了方向相反外，都是相近的。所以，两画极有可能均源自于"宋本真像"。

清拓苏东坡画像，纸本，上海图书馆藏

在明人以"宋本真像"为底本绘制的双手合抱置于胸前的站姿像之外，又衍生出其他苏东坡画像。但在现存的清代以来诸家所绘苏东坡画像，几乎都与"宋本真像"的造型相似。

蔡嘉是清代康乾时期山水和人物画家，笔者早前已讨论过其白描人物画《金人缄口图》（广东省博物馆藏）。其《东坡先生像》轴（天津博物馆藏）是继前述两种明人画像之后年代最早者。作者仅在题识中说明此像是为苏东坡生日时祭祀及祝寿之用，并未提及此像的源流。此画所写苏东坡向左侧身而立，双手合抱于袖中，置于胸前。除了朝向与前述诸本相反外，人物造型、服饰及动作等均较为相近，应是以"宋本真像"为基础的变异绘本。

翁方纲的《摹苏东坡小像》轴（上海博物馆藏）自题："嘉庆九年岁在甲子十二月十九日先生生日，谨以前春所得吴门寄来真本，合朱兰嵎所临李龙眠旧本摹此，供于苏斋，是日方纲题记。"此处所言"朱兰嵎所临李龙眠旧本"应为明人朱之蕃临摹李公麟的《东坡笠屐图》，现存两本，分别藏于广东省博物馆和北京故宫博物院。所言"吴门寄来真本"，并未提及是何年代何人所作"真本"，但从翁方纲合共两种画像绘制的摹本来看，当与前述"宋本真像"的造型是一致的。此图所绘苏东坡亦为向右侧身而立，所穿布鞋为朱色，苏东坡的身材较其他诸本略高。在苏东坡右颊靠耳处，多了数颗黑痣。此画尚有伊秉绶观款："嘉庆九年十二月十九日，山阴董洵、蒙古法式善、泰州朱鹤年、钱塘陈嵩庆、宁化伊秉绶同观于苏斋，伊秉绶记"。有趣的是，朱鹤年有至少两件以苏东坡肖像为主题的绘画传世，其中一件《东坡像》轴（天津博物馆藏）便是和翁方纲本一样临摹自同一底本。其像为苏东坡胸像，作者在画中题识曰，"宋苏文忠公像，翁氏苏斋藏本，海陵朱鹤年摹"，指出以翁氏藏本而摹，是翁方纲藏本的剪切版。

吴荫是清嘉庆四年（1799年）的进士，官至侍讲学士，长于书画及骈体文，其《苏轼像》（辽宁省博物馆藏）作于清嘉庆十七年（1812），较翁方纲摹本晚八年，所绘苏东坡形象与翁氏摹本相近。自题曰："元孤云处士画先生像，着松石间，飘飘有凌云志。人与画均非俗子伧夫所效窥也。嘉庆壬申春仲摹此，属侄孙煜节书宋宗序赞于上方，荫"。"孤云处士"即元代画家王振鹏，以擅画界画著称，兼擅人物故实画，有《龙池竞渡图》卷（台北故宫博物院藏）和《伯牙鼓琴图》卷（故宫博物院藏）等传世。吴氏题跋称此画摹自王振鹏，故前述翁方纲摹本亦应与王振鹏本为同一底本，或翁氏所言"吴门寄来真本"即是王氏所绘。王氏所处的时代与苏轼相隔两百多年，故其并非直接源自写生，也是临摹前人之作。由此可知，无论是王氏"真本"也罢，翁方纲和吴骞摹本也好，其最原始的母本都可上溯至"宋本真像"。

濮森的《苏文忠公像》（中国国家博物馆藏）和吴云的《画东坡像》（广东省博物馆藏）所绘苏东坡画像属于同一种艺术造型，都是向右侧身立像，与前述蜀山书院的"宋本真像"拓本几乎完全一致。濮森在其《苏文忠公像》中题识曰："同治元年元旦敬摹苏斋石像拓本应仲复太史之属，皖江濮森谨识于海王村之栩斋"。"苏斋"即翁方纲斋号，据此可知，此像的母本来自翁方纲所藏的石刻像。此像作于同治元年（1862），其时翁方纲已去世四十四年。

清·濮森《苏文忠公像》轴，纸本墨笔，中国国家博物馆藏

叶衍兰是清代有名的词学家和学者型画家，著有《秋梦庵词》，编绘有《历代文苑像传》和《清代学者象传（第一集）》（均藏中国国家博物馆）等。其《苏东坡像》即为《历代文苑像传》之一，右侧为画像，对开

为小楷书小传。该画像与"宋本真像"的造型一致，唯颜色较为鲜艳，且细部略有不同：腰间露出打结的蓝色腰带，且打结之外的两条腰带半隐于宽袍内，垂于脚踝处。其布鞋为黑色鞋底，露出蓝色的翘脚。这些额外的装饰或为作者增添的个性化项目，与原作相异。

张城的《苏文忠公宋本真像》（中国国家博物馆藏）是古文献学家傅增湘所临。据其所临写的清人王文治的题跋称，此像源自"宋本真像"，是由清代诗人和书画家曾燠的年家子陆甫元孝廉摹自宋本苏轼像。该像与前述源自"宋本真像"的苏东坡画像相近，唯有设色浓淡、服饰繁简和身材矮小胖瘦之别。

与张城的《苏文忠公宋本真像》最为相似的是张城的同时代人、"湖社画会"代表画家金城的《东坡居士像》（浙江省图书馆藏）。同濮森和吴云的苏东坡画像均属同时代人临写的同一母本一样，张城与金城之画也是如此。金城在画中题识曰："东坡先生像，元僧启宗原本，辛酉十二月吴兴金城临。"此像作于1921年。由此可知，此像的最初源头是元代僧人启宗。关于启宗的生平事迹不可考，但他毕竟不是苏轼的同时代人，因而其画像自然也是对前人绘像的传移模写。此外，另有一件署名"景沂"的《苏东坡像》（私人藏），其人物造型与张城、金城所绘苏东坡画像一致，年代要远远早于张、金两家。该画像的上方抄录黄庭坚所撰《苏东坡像赞》，署款为"右赞语应太平公求景沂写之"，不著抄写者名款和印鉴。由此数语可知，此画乃应太平公之请，由景沂绘写。景沂的生平事迹不可考，查"太平公"在明清时期有多位，故通过文献梳理无法确认此画的作者信息和年代。从画风看，此画或为明代后期或更早一些。此画与张城、金城之画最为接近，应都是以"宋本真像"为底稿的摹本。

以宋刻残石为源流的胸像

清末扬州发现一块苏东坡画像的残石，上部尖锐，下部平整，呈三角形状。该石刻先是归扬州三贤祠，后归端方所有。据说此石在端方手中时，他曾将此像拓印，或剪贴于团扇之上，或制成小斗方，题字或钤印，分赠友好。这些画像有的经过裁剪后，仅剩下苏东坡轮廓，有的则保留了原三角形石刻的原形。现在所见诸本苏东坡残石画像均出于此。遗憾的是，此石现在已失传，但其拓印的画像却得到了广泛传播。在中国国家博物馆、上海图书馆和北京故宫博物院等均有所藏（以下分别简称"国博本""北京故宫本"和"上图本"）。

"国博本"被裱成了立轴，最为完整地反映了残石的状态。在石刻上端尖锐处，尚残存"舒亶"及"在（左）"数字，拓本右下侧钤有端方藏印"匋斋藏石"。舒亶是参与构陷苏轼"乌台诗案"的重要人物。在北宋元祐年间，他与张璪等人罗织了数起大狱，天下共知，被称"其为大奸，小人而在高位，德之贼也"。该残石中出现其名，即可看出其与苏轼的关联，印证了此像的像主即为苏轼。端方在立轴上方题跋曰，"扬州三贤祠宋刻东坡像，拓寄绂卿仁兄观察正鉴，浭阳端方记"，指出此石刻像的原始出处是在扬州的三贤祠。

清拓《苏轼像》残石拓片，纸本，中国国家博物馆藏

"北京故宫本"系经过裁剪，仅剩下人像部分。端方将其裱成团扇，并题跋曰，"扬州小金山近有宋刻东坡像，拓寄凤埘仁丈鉴，端方题"，钤朱文长方印"匋斋"。"扬州小金山"即在扬州三贤祠。

三幅残石拓印画像虽有形制或题跋的不同，但其源流是一致的。此像为胸像，其朝向及服饰均与前述"宋本真像"一致，唯有须髯茂密，脸型阔圆，目光如炬，与前者胡须稀疏、脸型瘦削、长脸的状态略异。二者应来自同一源流，但在翻刻与传移模写中出现变异。与张大千和黄君璧并称"渡海三家"的溥儒所绘的《苏东坡肖像图》轴（广西壮族自治区博物馆藏），便是对此残石上苏东坡画像的传移模写。溥氏在画上题识曰，"宋刻残石苏文忠公像，传与诸本多有异同，而此石独得神理，为可珍也。后学溥儒敬摹"，谈到了此像的源流。此像较为传神地再现了宋刻残石苏东坡画像的风貌。

以"南薰殿本"为源流的半身像

明代佚名《历代圣贤半身像·苏轼像》（台北故宫博物院藏），原藏于清宫南薰殿（以下简称"南薰殿本"）。苏轼像与仓颉、后稷、姜子牙、周公、老子、孔子、屈原、东方朔、王羲之、陶渊明、李白、杜甫、贾岛、黄庭坚、司马光、朱熹等远古至宋代六十二位名贤合为《历代圣贤半身像册》。画像均为册页，像主在画心左下侧，右上侧为小传。画中的苏轼头戴东坡巾，向右侧身，颧骨凸出，胡须稀疏，面带微笑。除了面部表情与前述诸本略异外，均与前述"宋本真像"相似。此像乃其站姿像的剪接版。

佚名《历代圣贤半身像·苏轼像》，绢本设色，42.6cm×34.6cm，台北故宫博物院藏

在道光时期由孔继尧摹绘的《吴郡名贤图传赞》中也有一件版刻苏东坡画像，为半身像，其人物服饰、手势与朝向均与前述"宋本真像"一致，其朝向及服饰也接近"南薰殿本"。据编撰者顾沅称，该书的画像除源自前人的两本画册外，"其余访之贤裔、祠宇塑像以及好古者鉴藏，皆确有考证，不敢臆见妄作"，可知都是有所依据，而非凭空臆造。此外，在《明刻历代帝贤像》中，也有一件苏东坡画像。该画像为胸像，从其衣帽、胡须及朝向来看，与"宋本真像"和"南薰殿本"的底本是一致的。因为画迹不传，我们无法获知当初陆恭所藏"宋本真像"是否为真迹，但至少应是摹本或临本，其画像应是较为真实地传承了"宋本真像"的苏东坡造型。由于"南薰殿本"和"宋本真像"之间本身也有传承关系，故明清以后的诸本苏东坡胸像，都是直接或间接源自于此。

清代江苏扬州画师朱文新有一件《东坡像》（天津博物馆藏），自题："宋苏文忠公像。摹南薰殿本，邗江朱文新时客都门城南宣武坊寓斋"。其时，朱文新客居北京，故有机缘直接或间接见到清宫所藏的"南薰殿本"苏轼像。此像除设色较为淡雅外，几乎忠实地再现了"南薰殿本"的原貌。中国国家博物馆所藏一件佚名《苏东坡像》，虽然没有注明源自"南薰殿本"，但造型与其如出一辙，唯有设色更为厚重，为衣服上了青色，右耳面颊处多了黑痣，颧骨并未突出，应是在"南薰殿本"基础上的变革。该像对题的文字与"南薰殿本"中的苏轼小传一致，故可进一步印证其源出于此。此像的年代较朱文新绘像略晚，大抵在晚清或民国时期。

清·朱文新《东坡像》，纸本设色，65cm×33.4cm，天津博物馆藏

程祖庆是清代同治年间画家，上海嘉定人，擅画山水人物，有《澄怀园夜话图》横幅（南京博物院藏）和《水墨山水》扇面（桂林博物馆藏）传世，编有《练川名人画像》。其所作《苏文忠公像》自题："苏文忠公

象，南薰殿本。弇山朱十集同人在溪州郡斋为坡老作生日，因摹是本，共契版香。同治建元，岁在壬戌。嘉定程祖庆并记于溪上草堂。"虽然作者自称是源自"南薰殿本"，但除了像主的朝向、衣帽外，相似度并不大。比如"南薰殿本"面带微笑，面部丰润，神采奕奕。此本则面部瘦削，严肃中透着小心翼翼，且缩着脖颈，脖子上多出两条类似围巾的衣带。可见此像并非完全忠实于原作的摹写，而是默写与意临。

清·程祖庆《苏东坡像》，纸本墨笔，藏地不详

近人王逸民的《重摹苏文忠公像》（浙江图书馆藏）与朱文新临摹本一致，应也是对"南薰殿本"的摹写。画家高野侯有题跋曰："苏文忠公像，上元庚申中，属昆陵王逸民重摹，因对临沈碛士先生题识，后学高时显并记。"据此可知，此画作于1920年。高野侯临写的沈德潜题跋透露，此像是苏东坡游镇江金山时被人图其像，流传既久，为明代学者陆师道所

摹，收藏于镇江附近的苏祠中。明季鼎革之际，苏祠毁于兵燹，所幸陆师道摹本保留下来，由沈德潜收藏。现在由高野侯题识、王逸民临摹的《重摹苏文忠公像》便是从陆师道摹本中来，该像源自"南薰殿本"，由此可推知，"南薰殿本"最初的来源是苏东坡在游金山时被人所绘，应是对景写生之作，因而也应是最为接近苏东坡本尊的画像之一。

以李公麟《盘陀画像》为源流的坐姿像

在眉山三苏祠内，保留了一方李公麟绘制的《盘陀画像》碑。碑上端刻有元祐五年（1090）李公麟书写的苏子由词。在题词下侧，刻有"元祐中龙眠李伯时作东坡先生画像，元符中江南黄庭坚赞"，并全文镌刻了黄氏赞文。该碑中的画像由苏轼好友李公麟绘制。在画像左侧，刻有此碑的基本信息："洪武丙子孟冬穀旦，奉训大夫、眉州知州赵从矩、更石儒学正丁济篆额，训导张迪书，朱安镌"，指出此碑镌刻于明洪武二十九年（1396）。这是目前所能见到的镌刻苏轼画像最早的碑刻之一。画像中，苏东坡盘腿趺坐于莲花形石座上，双手持竹杖，置于腿上。画中的苏东坡，身材矮小，圆脸，没有常见的东坡巾，仅见盘起的发髻。看得出来，李公麟试图将苏东坡塑造成一个维摩诘的形象，亦僧亦儒。因李公麟系苏东坡好友，故为其所作画像，应是比较接近苏东坡本尊的，因而该画像也被认为是比较接近苏东坡本人真实形象的。由于碑刻在依据绘本翻刻画像时会有失真现象，此像可能未必完全忠实于李公麟原作。再者，此碑刻成于明代初年，离苏东坡生活的年代已有三百多年，刻碑时参照的李公麟绘制的苏东坡像是真迹还是摹本或临本，现在已无从考证。因此，从画像本身来看，其几乎与前述任何一种画像均无相近之处，也就可以理解了。或许正是因为如此，以李公麟《盘陀画像》为源流的苏东坡坐姿像流传并不甚广，后世对其临写或传播者，寥若晨星。现在所见直接或间接源自于此的画像有朱鹤年临李公麟《扶杖醉坐图》和任薰的《摹东坡先生五十六岁像》（浙江省图书馆藏）。

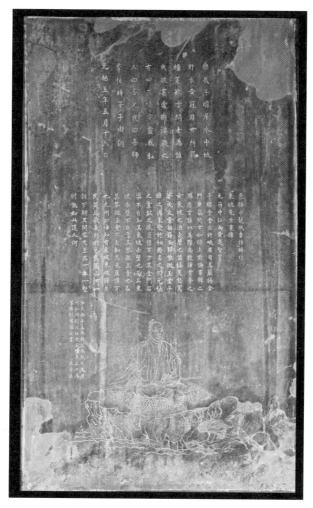

李公麟《盘陀画像》碑刻，眉山三苏祠博物馆藏

"海上画派"代表画家任薰的《摹东坡先生五十六岁像》是传世苏东坡画像中少有的坐姿像。画中，苏东坡端坐于石椅之上，露出红色布鞋。上有吴垣题跋："东坡先生五十六岁小像，苏斋藏本，光绪元年十二月十九日，任薰摹，吴垣题。"可知其临摹的母本来自翁方纲的旧藏。该画像的脸型、东坡巾、宽袍、腰带等均与前述"宋本真像"一致，唯有颜色的深浅不同。李公麟《盘陀画像》中的苏东坡是盘陀而坐，此像则是坐在椅上，随意自然。现在未详翁方纲是否收藏过李公麟《盘陀画像》的正本或临本，但从此像可看出，此像结合了《盘陀画像》与"宋本真像"的造型，是在此基础上再创造而成的。

结　语

　　苏东坡的画像最早可追溯至苏东坡生活的时代。在后世的演变中，画像出现陈陈相因与失真的现象，但无论如何演变，苏东坡一些标志性的形象，如东坡巾、稀疏的须髯等大多是没有变化的。这些肖像的演变，从一个侧面反映出后世对其的推崇，正如书画鉴定家启功在《东坡像赞》中所说："香山不辞世故，青莲肯溷江湖。天仙地仙太俗，真人惟我髯苏。"这或许反映出近千年以来苏东坡所受到的无与伦比的追捧与激赏。

　　传世独立的肖像画之外，在《西园雅集图》《东坡笠屐图》《东坡退朝图》《赤壁图》《承天寺夜游图》《金莲贵院图》《东坡博古图》《东坡玩（赏）砚图》《东坡啖荔图》《东坡和朝云图》《东坡先生懿迹图》和《眉山翰墨图》等故实画中亦可见苏东坡小像。其独立的画像大多有据可依，传移模写，可追根溯源。故实画中的苏东坡画像，有的来自传移模写，也有的来自想象图之。由这些画像的生成与传播可以看出，苏东坡在文学、书画等方面的杰出造诣，影响后世深远，成为千余年来后世文人崇拜的对象。正因如此，其画像在元明清以来都层出不穷。尤其是明清以降，每个人心中都有一个不一样的苏东坡。基于对苏东坡及其文学、艺术成就的推崇，每年举办的寿苏会（拜苏会）成为苏东坡画像生成的重要途径之一。除临摹之作外，画家们大多从自身的角度为我们诠释了不一样的苏东坡。本文解读的不同时期、不同画家绘制的不同形象的苏东坡，可从一个侧面反映苏东坡及其艺术在后世的传播与影响。

问汝平生功业：苏轼的贬谪生活新论

周鼎　四川大学历史文化学院教师

苏轼的出现可谓空前绝后，因为他就生活在一个空前绝后的时代。用四川大学历史系老前辈蒙文通先生的话说，看历史要像看长江黄河这样的大河那样，看它的拐弯处。西周以来的中国历史存在三个重要拐点，其中一个拐点通常被称为唐宋大转型，也就是苏轼生活的时代。什么是唐宋大转型？别看我们常常将"唐"和"宋"并提，其实唐朝和宋朝差距特别大。唐朝是中国历史上贵族时代的终结，而宋朝则是平民时代的开始。

在贵族时代，决定一个人社会地位高低最重要的因素是血缘。爸爸是贵族，儿子当然也是贵族。所以贵族社会的阶层流动性很差。可是在宋朝，阶层流动较之以前有了大幅度的提高。在宋代，众多来自民间的读书人通过科举考试进入官场。跟贵族相比，他们的短板是缺乏实际的政治经验，但他们也有优点，那就是更积极的政治理想。这些出身民间的士大夫迈入官场，他们心怀孔孟的教诲，决心实践儒家的理想，充满了理想主义的热情。

这些平民知识分子，为了理想而投身政治，渴望改革。可往往在改革中产生立场上的分歧，进而导致党争出现。说到底，政治其实就是"讨价还价"，需要你让我一点我让你一点。可是政治一旦被理想主义裹挟，最大的危险就在于没有妥协的余地。所以在北宋的政治史上，士大夫一方面满怀理想主义地疾呼改革，另一方面又会为一些鸡毛蒜皮的事争执不休。北宋政治总是让人既热血沸腾，又扼腕叹息。

理解了北宋的政治氛围，我们才能理解苏轼。第一，这个舞台给予那些聪明的读书人更大的发展空间和更加宽容的言论环境，让他们可以自由发表观点。但同时，一次次的改革又会引发激烈的党争，一旦站错了队伍，就可能失去大好的政治前途。而这恰恰就是苏轼一生政治悲剧的根源。

苏轼一生仕途不顺，肇因就是王安石变法。其实"王安石变法"是一个不太准确的标签。因为王安石只是参与了这场变法的上半场，下半场是由他的追随者以更加激烈的方式来推进的。在这场变法中，自始至终掌握话语权的人是宋神宗。所以历史学界通常将这场变法称为神宗变法，或者用神宗年号熙宁、元丰来表示，称为"熙丰变法"。我们接下来就用"大变法"来简称这个事件。

大变法有其必然性。因为新生政权西夏的出现打破了宋、辽之间长达百年的和平。本来是欢乐祥和的"二人转"，一下变成了钩心斗角的"三国演义"。这给宋朝在国防上、外交上带来了许多风险，也使得立国以来确立的政治路线和军政制度暴露出诸多弊端。于是，在庆历新政失败之后，变法的呼声又一次高涨。

在这场变法中，文官集团形成了两派：一派是以司马光为代表的保守派，另一派是以王安石为代表的激进派。最初，司马光和王安石两人都支持变法，唯一的区别是走慢点儿还是走快点儿。他们之间的矛盾是政治立场的歧异。从私人角度来说，他们是惺惺相惜、互相尊敬的。他们代表了任何一场改革都会出现的两种声音。简单地说，一个主张渐进，一个主张激进，一个主张国退民进，一个主张国进民退。

苏轼的立场比较接近司马光。他认为改革势在必行，但王安石的变法太过激进，步子迈得太大，所以他更支持司马光。不过随着党争越演越烈，司马光的立场也就越趋保守。最后，司马光索性反对一切变法。随着司马光和王安石变成政治光谱上的两极，苏轼的立场也就有些尴尬了。他始终认为，改革还是应该进行下去，步子可以迈得小些，但不能停下，更不能后退。这让他又变成了王安石的同情者。所以司马光和王安石的政治斗争给苏轼的政治前途带来了巨大的不确定性。

苏轼还拥有我们现代人普遍具有的一种特质——多元价值观。他最初反对王安石，就在于他坚持这种多元的价值观，也始终坚持人格的独立。坚持的后果是什么？一次又一次地被驱逐到政坛边缘。可是苏轼又有着强烈的责任感，不懂得或者说不愿意知难而退、明哲保身。他总是希望自己还可以在政坛上发挥作用，贡献微薄之力，哪怕悬吊在悬崖边上，也要用最后一根手指死死支撑。这就是造成苏轼政治悲剧的诸多因素。

我们的故事就从苏轼在湖州讲起。他一到湖州，就按惯例向皇帝上表道谢。如果我们细品这篇文字，不难感受到他的满腹牢骚。他说，谢谢皇帝任命我来湖州为官，"知其愚不适时，难以追陪新进；察其老不生事，或能牧养小民"，意思是皇上您这是知道我思想落后，跟不上时代潮流，幸好年纪也不小了，还有那么一点经验，可以在地方上安抚老百姓。

在变法派主持朝政的时期，以神宗为代表的变法派认为，苏轼这样一个人才，虽然反对当前政策，但也没必要去迫害他，把他送到地方上当官，眼不见自然就心不烦了。苏轼离开朝廷，从杭州到密州，又从徐州到湖州，辗转各地为官。他自己也没太当回事，说走就走。可惜他忘了一点，官是地方官，可名却是天下名。放到今天，苏轼大概称得上是"顶流网红"。他每写一首诗、一封信，都是举国上下争相传诵。他一边老老实实地四处为官，一边高高兴兴地"上网吐槽"，结果可想而知。

当苏轼在湖州为官时，各种风声相继传来，说主持中央工作的变法派遇到瓶颈，正在找人背锅，杀鸡儆猴。苏门四大弟子之一的晁补之也来提醒老师，最近京城里风声紧，最好不要说话，不要写诗，不要写信。苏轼不以为然地说，当年我参加仁宗皇帝主持的制科考试，拿到第一名，就是因为我骂皇帝，还把皇帝骂高兴了。皇帝说这么会骂人的人才必须要重用。苏轼的言下之意是，我连先帝都骂过，现在骂骂朝廷又怎么样呢？

苏轼没料到，朝廷还真对他下手了。多名监察部门的官员都来举报他侮辱皇帝，诋毁改革，证据确凿，罪名成立。于是一个举国公认的绝世天才，一个前途无限的政治新星，一个造福一方的地方官员，一夕之间就身败名裂，从湖州被逮捕带回开封，关进御史台的大牢。这个地方阴气弥漫，乌鸦四飞，又被称作乌台，所以苏轼的这场案子又被称为"乌台诗案"。说到底，这就是一场"文字狱"。幸好这是宋朝，不是清朝，否则后果不堪设想。

据苏轼后来回忆，他在押解回京的路上两次试图自杀，原因很简单，他不想牵连别人。当时，适逢朝廷有大事发生，顾不上他的案子，所以他不明不白地被关了一百多天。最后，判决下来，给他一个严重警告，暂停所有职务，保留官员身份，送到湖北黄州去反省过错。跟他交往密切的人也都各自受到处罚，连司马光也被罚款了。

当苏轼孤身来到黄州，才总算从"顶流网红"的幻觉中清醒过来。现实生活很快就把问题摆在苏轼面前。他不仅受到监管，行动不能自由，更要命的是，工资也停发了，失去了经济来源。随着眷属赶来会合，一家十几口人在一个陌生的地方，怎么活下去？

苏轼所有的积蓄只够一年的生活费，而且还得勒紧裤腰带才能过下去。他给朋友讲过自己量入为出的生活：他在住宅的横梁上挂了 30 个竹筒，每个竹筒里放 150 文钱，这 150 文钱就是全家一天的花销。关键是怎么能保证今天不会花明天的钱？为此，苏轼设计了一个搞笑的方法：每天早上，他让家童找来一根长杆儿，从高高的横梁上取一个竹筒，倒出 150 文钱。接下来，苏轼吩咐小孩把长杆儿藏好，千万别让自己发现。

这个场景非常好笑，但转念一想，却颇为凄惨。可苏轼依然强颜欢笑，告诉朋友，别担心，这样过日子，我家可以一年不愁。

其实初来黄州的苏轼被两种情绪所纠缠：一是悔恨，二是孤傲。用我们今天的话来说，这些都是创伤应激反应。苏轼像一个"受虐狂"一般，掩饰着自己的伤口，却又深陷在内心的苦痛中无法自拔。

第二年，经朋友介绍，苏轼居然脱下长衫，跑去承包了一块"国营农场"。这片地在一个叫东坡的地方。苏轼为什么自号东坡居士？他是效仿当年贬官忠州的白居易。今天，苏东坡这个称谓远比苏轼这个大名更流行。但我们不要忘记，东坡恰恰是苏轼的人生最低谷。一个人把自己的人生最低谷作为名号，并传颂千年，这到底是怎么做到的呢？这是因为正是在黄州这个地方，苏东坡真正地成为了自己。

苏轼在东坡种田，初步解决了迫在眉睫的吃饭问题。可他们种的是大麦。大麦饭有多难吃，现在我们恐怕无法想象。不妨听听苏轼一家的玩笑话。他说，一家人吃大麦饭就像一群猴子相互梳毛捉虱子，捉一只，咬一口，因为大麦饭难以下咽，咬起来嘎嘣嘎嘣地响。

苏轼是一个喜欢折腾的人。饭还没吃饱，他就开始考虑在农场附近搭一栋房子。苏轼也是豁出去一张老脸了。他说，我没钱，老乡帮帮忙。结果，几个村的人都来帮他修，修的时候还下着雪。苏轼修的这个房子算是"公益众筹"了。为了纪念老乡们的热情相助，他特意在房屋四壁画上雪景，因而这栋房子取名叫"雪堂"。

苏轼又进一步解释说，"雪堂"这个名字还另有深意。他不是想逃离这个世界，而是要逃离这个世界所追求的功名富贵。苏轼的种田谋生可以理解为一种逃离，从庙堂之高逃离到江湖之远。但在雪堂里，他既否定了这种逃离，又肯定了这种逃离。

苏轼写过一首《临江仙》：

夜饮东坡醒复醉，归来仿佛三更。家童鼻息已雷鸣。敲门都不应，倚杖听江声。

长恨此身非我有，何时忘却营营？夜阑风静縠纹平。小舟从此逝，江海寄余生。

关于这首词，还有一个有趣的段子。据说，苏轼建起雪堂后，经常躲在那里借酒浇愁。他一直喝，醉了就睡，醒了又喝，喝了又醉。结果有一天，他半夜酒醒，心想还是回家睡觉吧。当他从雪堂回家，却发现家门被插上了门闩。可能全家人都以为他会在雪堂过夜。偏偏负责看门的家僮睡眠质量极好，鼾声如雷，怎么敲门也没醒。苏轼心想，还是算了吧，全家人都睡了，就别吵醒大家了。如果说此前苏轼觉得是世界抛弃了他，那么此刻可能他会感觉到连最后的港湾也抛弃了自己。他真的变成了这世上最孤独的人。苏轼只能无奈地守望在江边，拄着拐杖，浮想联翩。他幻想逃离这个世界，毕竟到了半夜江风也停了，江面也平了，不如给他一叶小舟，顺流而去，逃离这个世界。

据野史记载，苏轼念完这首词不久，当地负责监管的官员就收到苏轼准备逃跑的举报，半夜吓醒，举着火把找到苏轼家里去。入门一看，苏轼正躺在床上，也是鼾声如雷。

这个故事揭示了一个真相：世人面对痛苦，最简单的办法就两个，要么借酒消愁，要么绝望逃离。可这些都是死路。面对痛苦，生路只有一条，那就是超越痛苦。这需要你坚持走下去，不是从外在的世界逃离，而是勇敢穿越内心的秘密小径，走向心灵最幽暗的地方，去看清楚自己究竟是谁。

我对苏轼给朋友写的《答李端叔书》特别感兴趣：

木有瘿，石有晕，犀有通，以取妍于人；皆物之病也。谪居无事，默自观省，回视三十年以来所为，多其病者。足下所见，皆故我，非今我也。

苏轼的一大思维特征就是非常擅长用生动形象的比喻去讲述深刻隽永的哲理。在这段话中，他列举了三件事物：

第一个是树木。古人喜欢搞园林盆栽，喜欢那种弯弯曲曲、疙疙瘩瘩的树木，这显得古朴高雅。这些疙疙瘩瘩其实叫树瘤，有点类似于人的肿瘤一样，是一种病症。第二个是石头。很多人喜欢收藏石头，收藏的标准就是四个字——奇形怪状，无论是花纹还是形状，越怪越好。第三个是犀牛角。犀牛角是名贵中药。角尖出现了小孔的犀牛角尤其珍贵，据说能够明目增智，所以李商隐才会说"心有灵犀一点通"。其实，犀牛在体内出现寄生虫时，才会长出有孔的犀牛角。这三个比喻有一个中心意思，我喜欢用一句精彩的话来概括：事物越"变态"，越受人喜爱。疙疙瘩瘩的树，奇形怪状的石头，洞洞眼眼的犀牛角，明明都不正常，可是人们却最喜欢。苏轼的意思是，曾经的我不就是这样吗？我受到人们的狂热追捧，不过是满足了人们的猎奇心理。如今的痛苦是一个千载难逢的契机，让我有机会重新认识自己。

这是多么痛的领悟！我们自然没必要去歌颂苦难、追求苦难，但当苦难来临的时候，我们可以选择正视苦难。苦难会剥掉我们身上习以为常的华丽袍服，让我们发现最本真的自己。这也许就是苦难的意义。所以当朋友又寄信来拜求诗文，苏轼微微一笑答复说，老兄你还惦记着昨天的我，可我早已经今非昔比了。苏轼不再渴望赢得世界的承认，他只想寻找本真的自我。从此，苏轼不再只是一个才子，而开始转变为一名哲人。

在吃了上顿没下顿的艰难生活里，苏轼喜欢说一句话："晚食以当肉。"这话很有意思。试想一下，你晚上饭局太多，这边刚吃完火锅，马上赶去那边吃烧烤。这时，再香的烧烤也都食之无味。在你毫无饥饿感的时候，再丰美的食物也会味同嚼蜡。可如果你饿了一天，终于吃上了稀饭馒头，那可就是人间美味。所以，美味的秘密不在于食物自身，稀饭馒头也罢，火锅烧烤也罢，关键在于吃饭的人是饿汉还是饱汉。

苏轼的意思是，在超越苦难时之所以需要直面真我，是因为痛苦并非全部来自外在世界的压迫与伤害，也可能是来自自我的虚妄幻觉。富贵之人就一定幸福？贫贱之人就一定不幸？从衣食无忧的生活转眼陷入温饱不济的困境，苏轼不仅感悟到命运的无常，更觉悟到自我的脆弱。

我们不妨将这些觉悟视作苏轼超越痛苦的艰难尝试。他要进一步深化自己的认知需要借助传统的文化资源。他做过两件有意思的事情：一是去寺院里忏悔。当时苏轼特别喜欢去一个小庙——安国寺。有一段时间，他几乎天天都要去那里静坐反省。在这样一种氛围下，他才能够摒除自身的欲望杂念，最后看到更本真的自己。二是尽量不杀生。苏轼曾经自嘲说，他曾经把别人送的海鲜放生到江里。其实他也知道，它们在淡水里未必能活。不过，它们应该宁愿死在淡水里，也不愿死在开水里吧。从这些事都可见佛教对于苏轼影响甚深。

其实道教对苏轼的影响也极深。苏轼是四川人。四川是道教非常重要的发源地之一。他对于道教一直充满兴趣。苏轼曾在黄州的一座道观里闭关修行，从冬至开始，坚持了四十天。他还喜欢搜集各种各样的道家养生术，例如半夜三更披衣起床，盘足叩齿，闭息内观，吞咽口水，双手搓脸。他还热情洋溢地在"朋友圈"里转发，呼吁大家一起修仙。

苏轼又学佛，又修道，可他依然信奉儒学。他遵守儒家学者的悠久传统，钻研古代经典，对《周易》《尚书》《论语》等书尤其下足功夫。更重要的是，他反复表示，"吾侪虽老且穷，而道理贯心肝，忠义填骨髓，直须谈笑于死生之际"，坚持儒家的政治信念和伦理道德。因此，我们可以说苏轼是中国文化集大成者。他公开宣称，儒释道三教平等。他说，三教相当于三条江河，可能航道不同，但最终都会汇向智慧之海。

在苏轼身上，我们看到了中国文化一个最重要的命题：三教合一。按照古人的解释，儒家思想用来指导人伦问题，佛家思想用来指导灵魂问题，道家思想则用来指导肉体问题。这种儒佛道三教合一的文化资源和思想资源可能是苏轼超越痛苦的根本动力。我一直有一个观点，认为中国文化的底色是善生——善待生命。但这个善待生命，不是像佛教徒那样善待鱼虾，而是善待人自身当下的生命。在很长一段时间里，世界上的绝大多数文明都追求来世或彼岸，把现实的人生视作通往未来幸福的一个台阶。只有中华文明一直坚信，当下的生活自身就具有意义，所以让当下的人生获得幸福，是我们每个人义不容辞的责任。

让我们来具体看一下苏轼是怎么走出黄州困境的。我根据自己的理解，把他的"赤壁三绝唱"重新做了梳理。

先说《念奴娇·赤壁怀古》：

大江东去，浪淘尽，千古风流人物。故垒西边，人道是，三国周郎赤壁。乱石穿空，惊涛拍岸，卷起千堆雪。江山如画，一时多少豪杰！

遥想公瑾当年，小乔初嫁了，雄姿英发。羽扇纶巾，谈笑间，樯橹灰飞烟灭。故国神游，多情应笑我，早生华发。人生如梦，一尊还酹江月。

请大家在心里默默思考一下，这首词的主旋律是什么？很多人认为是豪放。可我觉得，苏轼表达的情绪是绝望，一种豪放的绝望，或者一种绝望的豪放。且看第一句，"大江东去，浪淘尽，千古风流人物"，风流人物都被大浪卷去，你我这样的平凡之辈又能如何呢？一切丰功伟绩都不过是把房子建在沙滩上，迟早会被时间的巨浪无情抹平。所以，这首词的最后一句说，"人生如梦"。如果一切都是梦，还有必要计较梦里到底过得好不好吗？

从第一句到最后一句，都是绝望。这个绝望源自人生的短暂和渺小。如果人的生命如此短暂、如此渺小，那活着的意义到底是什么？如果成为英雄伟人，轰轰烈烈，或者成为凡夫俗子，庸庸碌碌，两者都会被时光冲刷抹平，那么奋斗和"躺平"还有什么区别？这首词其实提出了一个根本问题：人生到底该追求什么？

接下来我们解读《前赤壁赋》。苏轼在《念奴娇·赤壁怀古》里提出的问题又被继续抛出来。苏轼半真半假地记录了一段对话：客人和"我"一起乘舟夜游赤壁。客人兴致高昂地吹笛抒情，可最后笛声呜咽，悲伤收尾。"我"问他为何突然难过起来，他说自己想到当年此处多少英雄，可如今只有清风明月。英雄尚且如此，凡人又当如何呢？

苏轼终于开始正面回答这个纠缠许久的根本问题。他首先以水与月为比喻。请君试看长江，万古奔腾，堪称永恒。可它又生生不息，波波相续，正如古希腊哲人所说，人不可能两次踏入同一条河流，故其永恒又可谓之瞬间。月亮也是如此。一个人今年看到的月跟去年看到的月一样吗？既可以说一样，也可以说不一样。"今月曾经照古人"，堪称永恒；"月有阴晴圆缺"，又可谓之瞬间。所以江水也好，月亮也好，它到底是永恒还是短暂，取决于人怎么看，从什么角度看。人生也一样，既可以说生命短暂，也可以说生命永恒。永恒和短暂都是相对的，并不重要。

我再引申发挥一下苏轼的观点。现代科学告诉我们，一个人的寿命主要取决于遗传基因。假如有两个小孩去做基因测序，一个小孩测出来能活 90 岁，但他只活到 80 岁；另一个小孩很不幸，测出来活不过 20 岁，结果他活到了 30 岁。请问，这两个小孩哪个长寿？哪个短命？活到 80 岁算不算长寿？可他本来该活到 90 岁，他少活了 10 年；只活到 30 岁算不算短命？可他本来该活到 20 岁，他多活了 10 年。所以寿命的长短取决于选择的参照体系。苏轼的建议是，与其关注寿命的长短，不如追寻本真的自我，就像探索那个被遗传基因决定的自然寿命。换言之，努力超越生命的长与短、富与贵、美与丑，体悟那个本真的自我，这就是活着的意义。

在《前赤壁赋》这场虚拟的主客对话的结尾处，苏轼说：兄弟，你有什么好难过的？你看这天下的万般事物，从来不会被谁真正占有。可你再想想，江上之清风，山间之明月，只要有心，就能感受到它的美，无须多花一文钱。反过来说，能感受到天地之美的这个你，正是你苦苦寻求的那个本真的自我。

在苏轼的感悟里，我们又一次看到儒家思想和道家思想对于中国古代士大夫何其重要。儒家思想让苏轼曾经确立安邦济世的入世理想，道家思想却让他在身陷困境之时还能找到安身立命的地方。这就是为什么中国古代士大夫的人生观常常被称为外儒内道。这也启示我们每个人，除了看着眼前的进路，还要留一条身后的退路，安顿我们的灵魂。

一旦有了这样的领悟，再读《后赤壁赋》，就会发现它非常简单。不妨先对比一下前文提到的那首《临江仙》。那时，苏轼在雪堂里醒来又醉，醉了又醒，然后深夜回家，潦倒不堪。此时，他又从雪堂回家，感觉他是唱着歌跳着舞回去的。"是岁十月之望，步自雪堂，将归于临皋"，同样一条路，苏轼却走出了不一样的步伐。他不是孤身上路，而是有巧遇的两个村民结伴而行。三人有说有笑，相谈甚欢。看着如此美丽的秋景，他们甚至放声高歌，越唱越嗨。于是苏轼提议说，要不晚上来我家吃饭？村民说，我今天正好打到一条肉质鲜美的江鱼，连菜都有了。有了好菜，就缺好酒了。正在遗憾之时，苏夫人想起来，平日里藏了一坛酒，以防哪天苏轼想喝酒。好酒、好菜和好客人，套用那句滥俗的话，"一切都是最好的安排"。大家吃好喝好后，爱折腾的苏轼又想着深夜爬山。村民不想去，苏轼就独自上山，可等到上了山，又有几分恐惧，匆匆下山，渡江回家。最后，一个身披羽衣的道士闯入他的梦里。他一下记起渡江时曾望见一只飞鹤。故事戛然而止，留下不少悬念。抛开细节不论，这篇文章的中心主题就是四个字：顺其自然。

我们还能找出《记承天寺夜游》作为佐证：

> 元丰六年十月十二日夜，解衣欲睡，月色入户，欣然起行。念无与为乐者，遂至承天寺寻张怀民。怀民亦未寝，相与步于中庭。庭下如积水空明，水中藻、荇交横，盖竹柏影也。何夜无月？何处无竹柏？但少闲人如吾两人者耳。

这是我见过的最精美的散文。"精"是言简意赅，"美"是情景交融。元丰六年（1083），苏轼还在黄州。一天夜里，他想睡觉了，就上了床，谁想到躺下看见月色照进来，顿觉不困，又想赏月，重新披上衣服，踱步出户。可一个人赏月未免有几分孤单冷清，苏轼想起最近也被贬谪到这里的张怀民。两人同是天涯沦落人，惺惺相惜。张怀民正巧也没睡，两人便并肩漫步来到中庭赏月，当时月色如水，倒影婆娑，令人陶醉。

可仔细想想，这晚的月色到底能有多独特呢？难道不是再寻常不过的夜色吗？为什么此时此刻偏偏觉得此情此景特别珍贵难忘呢？答案就是一个字——闲。看上去这是苏轼的自嘲，被贬谪的官员当然闲了，但这里另有一种感悟，只有我们把个人的悲欢离合、富贵得失扔到一旁，才能有此闲心，也才能睹此胜景。所以苏轼后来给老家眉山的堂兄写信，说：我们都这把年纪了，该好好享受了。但这种享受不是放纵感官去满足物欲，而是追寻"胸中廓然无一物"的精神境界。用苏轼的另一句话说，这就是"此心安处是吾乡"。心安其实就是心闲。放下争名夺利的得失心，细品这世间的平凡事物，便能重新安处于和和美美的日常生活。

于是，烟熏火燎的厨房也会变成快乐源泉。"东坡肉"终于横空出世。发明"东坡肉"本是苏轼的无奈之举。在古代黄州，当地人的食材以鱼为主，而有钱人则以羊肉为主，所以猪肉卖不出去，反而很便宜。苏轼又穷又馋，低价买来猪肉，文火慢炖，去除腥臊油腻，烹出一道佳肴。他得意赋诗说："黄州好猪肉，价贱如泥土。贵者不肯吃，贫者不解煮，早晨起来打两碗，饱得自家君莫管。"这种逍遥快乐显然不再是每天只花150文钱的强颜欢笑。如果苏轼没有超越痛苦，他会关心猪肉怎么做吗？就算做出来，他吃得下去吗？所以，无论是"东坡肉"还是"东坡羹"，表现的不是苏轼的"吃货"性格，而是他超越痛苦的智慧。

当苏轼已经决心在黄州买屋定居时，神宗皇帝到底还是下定决心"捞"他一把，他把苏轼从条件艰苦的黄州暂时转移到条件稍好的汝州去。显而易见，这是为他重新回到朝廷做准备。苏轼在离开黄州之前，写了一篇《谢量移汝州表》，向皇帝表达谢意。其中有一段话："只影自怜，命寄江湖之上；惊魂未定，梦游缧绁之中。"苏轼描述自己犯了政治错误在黄州闭门思过的惊恐心情。这两句对仗潇洒工整，才情十足。黄州之后的苏轼，简直就是脱胎换骨。

苏轼果然回到了朝廷。不久之后，随着神宗早逝，司马光及其保守派在太后的支持下重新上台掌权。此后，苏轼虽然没能在政坛大展拳脚，却度过了安安稳稳风风光光的十年。可惜好景真的不长，小皇帝哲宗长大亲政，再次打倒保守派。当变法派卷土重来，再次掌权，苏轼名列政治黑名单，又一次跌入命运的谷底。当时，苏轼还在河北定州做官，结果一道圣旨就把他贬到英州（今广东英德），后来觉得英州还是近了一点，又把他贬到更远的惠州。

再次踏上贬谪之途的苏轼没有了从前的绝望痛苦。苏轼刚到惠州，就讲了一个小段子。他说自己老毛病又犯了，望见前方有一座松风亭，忍不住想去登亭赏景。他不顾旅途疲劳，勉力前行，可走到半路就累得走不动了。他突然间领悟到，我为什么非要给自己立一个目标呢？我为什么非要走到松风亭去呢？一念之间，苏轼自称如同挂钩的鱼儿忽得解脱一般。其实他就是想用这个故事来告诉别人，"此心安处是吾乡"。

苏轼很快就感受到惠州的热情。当地的官员、百姓简直像在排队欢迎他，这让苏轼有一种宾至如归的感觉。所以，他很快就考虑在这里买房安家，甚至还兴致勃勃地开始了他的传统手艺——酿酒。

我在前面说过，苏轼的"老毛病"就是好折腾。他以前当"市长"（地方长官），每到一地，几乎都想搞个"市长工程"。最著名的"市长工程"大概就是杭州的西湖苏堤。私家酿酒明明是犯法行为，但因为惠州天高皇帝远，没人来管。于是苏轼就甩开膀子使劲酿酒。他的酒酿得好不好，不得而知，但他宣传酒的文案做得非常好，自家酿酒自家吹，不丢人。毕竟王婆可以卖瓜，苏公也可以卖酒。后来有朋友爆料，说这酒一喝准拉肚子，因为苏轼没耐性，总是频繁打开酒瓮，导致酒变质。

当然，酿酒不过是苏轼的一种消遣。苏轼在惠州还狂吃荔枝，"日啖荔枝三百颗"，吃多了难道不会上火吗？不过上不上火无所谓，开心就好。可惜开心也不行，因为苏轼开心了，京城里的变法派就不开心了。他们本想把苏轼送到惠州闭门思过，结果他把这里当成疗养胜地，过得比在京城还开心。心怀嫉恨的当政者继续找碴，把他贬到了海南儋州。

临去儋州之前，苏轼放出狠话，一去就买棺材，然后修墓，准备死在那里、葬在那里，无所畏惧。可是到了儋州之后，他又一次发现，当年在黄州的那几年没有白待。因为无论他被贬到哪里，都仿佛回到故乡。苏轼初到儋州没有房子，露天居住。他又开始讲故事。看来他已经养成一个奇怪的习惯，每到一个陌生地方都要讲一个意味深长的好故事。

苏轼这次讲了一只小蚂蚁的故事。倒一盆水在地上，汇成一个小水坑，水坑上漂着一片小叶子，小叶子上趴着一只小蚂蚁。小蚂蚁望着眼前这一片汪洋，四顾彷徨，唉声叹气。等到水坑干涸，小蚂蚁爬下叶子，遇到了另外一只小蚂蚁，热泪盈眶地谈论自己的大难不死、劫后余生。站在人的角度看，这不是抬腿即何迈过的小水坑吗？但站在小蚂蚁的角度看，这却是生死未卜的大风波。

苏轼刚到海南，念念不忘自己被困在孤岛之上，四周环绕着茫茫大海。这种心情跟那只可怜无助的小蚂蚁又有什么区别呢？但试想这个号称神州的世界，难道不也是被茫茫大海四面环绕吗？海南是一座岛，神州不也是一座更大的岛吗？无论是海南这座小岛，还是神州这座大岛，人生何时不是活在岛上呢？如果终日为困在海南岛上唉声叹气，与那只小蚂蚁又有何不同呢？苏轼顿时打开了格局——一座岛就可以困住我吗？既来之，则安之。苏轼继续在贬谪生活中发现美好，发现快乐。

最令人佩服的是，苏轼竟然在儋州发现了美食。当地流行的"烧烤"相当另类，烤老鼠、烤蝙蝠，苏轼入乡随俗，吃得是津津有味。他还专门给儿子苏过写信，声称最近又发现了新的美食——生蚝，并提醒儿子务必保密，千万别告诉其他人，毕竟生蚝也不多，人们闻风而来，他可就吃不上了。苏轼的意思可能是，这些在京城迫害我的人有朝一日也会来到这里。苏轼损人的确高明，不着痕迹。

苏轼在儋州的生活谈不上多么幸福，毕竟物质生活非常贫乏，但他拥有极为充实的精神生活。他最大的快乐就是在想象中跟五百年前的陶渊明进行对话。陶渊明写一首诗，他就和一首，乐此不疲。更重要的是，儒释道三教合一的精神力量始终在支撑着他。他的一举一动都展现出智慧的光芒。他随便看一个小孩下棋，就能写出千古名句——"胜固欣然，败亦可喜"。所以，当苏轼真要离开儋州的时候，他就像在黄州一样，跟当地老乡们说，别担心，我还会回来，请帮我看好房子。

在夜渡琼州海峡返回故土的时候，苏轼慷慨赋诗。这首诗的最后两句让我们看到了苏轼的另一面，他不仅谈吐风趣，而且傲骨铮铮，"九死南荒吾不恨，兹游奇绝冠平生"，你们以为海南生活就能迫害我吗？告诉你们，我在这里的确历经磨难，但是我没有一丝后悔，因为这不过就是一趟惊险刺激的旅行，越苦越爽，这种感觉平生罕见。苏轼在海南真的玩得很嗨吗？恐怕未必。苏轼只是怀着一股不服输的气势。不久之后，他在常州病逝。

苏轼在返程途中收到了一幅他的画像。他挥笔题词，留下四句偈子，举重若轻地总结了自己的一生：

心似已灰之木，
身如不系之舟。
问汝平生功业，
黄州惠州儋州。

前面两句提到的"已灰之木"和"不系之舟"，都来自《庄子》。已灰之木指心如死灰，看淡荣辱；不系之舟指接受命运，随遇而安。后面两句是自问自答。苏轼问画中的自己，你此生最了不起的成就是什么？他的回答是三个被流放的地方。

苏轼想表达什么呢？愤怒？讽刺？绝望？可能都不是。我相信他就是在心平气和地讲一段真话。因为在这三个被贬谪的地方，苏轼超越痛苦，领悟了中国文化的精髓，并成就了自身的智慧。最重要的是，他正是在这三个地方看到了自己的本来面目，找到了本真的自我，实现了他人生最重要的目标。所以我认为这不全是气话，更不是抱怨。

苏轼的故事提醒我们，如果人生不可避免会遭遇各种痛苦，我们可以努力发现本真的自我，最终超越痛苦，并把痛苦酿成蜜糖。

苏轼三咏赤壁与他的英雄之旅

伍晓蔓　四川大学文学与新闻学院副教授

让我们一起回到元丰五年（1082）。当时的苏轼状态如何？他非常想回到故里，回到他长大的地方，回去看看祖坟，扫扫墓，但他不能，因为作为一个罪臣，他不能离开黄州。

我们今天在眉山，在苏轼的故乡，代替苏轼来到这里，不知道能不能够告慰他。

这篇文章的题目叫《苏轼三咏赤壁与他的英雄之旅》。首先，我想分享一首齐豫的歌曲——《飞鸟与鱼》：

> 我是鱼，你是飞鸟。
> 要不是你一次失速流离。
> 要不是我一次张望关注。
> 哪来这一场不被看好的眷与恋。

我感觉这首歌描述的就是苏轼的经历，尤其是他在元丰五年（1082）的经历。我们的自我和自性，人格面具和潜意识，一个好像天空中的飞鸟，一个好像水里的鱼，它们本来可能永远不会被整合，要不是其中一个失速流离，而另一个张望关注，哪来这一场不被看好的眷与恋？

曾经有一个青年，他二十二岁就考中了进士，被自己的老师认证为三十年后会取代自己的人物。其实根本用不了三十年，他很快就名满天下，成为新一代文坛领袖。他是一只飞鸟，越飞越高，但是有一天，这只鸟失速流离，从天空之中跌落下来，折翼了。

他跌落到地上，遭逢了水里的鱼。事实上，一只鸟如果只是飞在天上，就永远不能看见另一半自己。

苏轼在那个被贬去的地方开垦荒田，默默咀嚼着痛苦，完成人格的整合和对痛苦的超越。今天，人人喜欢苏轼，是因为他在最深的痛苦之中孕育出了一颗明珠，给人们带来了救赎的希望。我们有必要去看一看，这一次失速流离给苏轼带来了什么。

海明威说冰山运动之所以壮观，是因为它只有八分之一在水面上。一座冰山如此，一个人如此，一篇作品也是如此，我们看得到的永远只是水面上的八分之一。

如果只是去分析表面的东西，可能会错过最重要的八分之七——一个人的思想、情感，更重要的是潜意识，都埋在深深的水底，等着我们去发现。

初到黄州

让我们从"乌台诗案"说起。公元 1067 年，宋神宗即位，他急于改变国家积贫积弱、受制于四夷的现状，任用王安石进行变法。多数大臣反对变法。支持变法和反对变法的人形成两个派别，进行激烈的斗争，这就是新旧党争。苏轼属于旧党，所以被排挤，外放到地方上去。

离开朝廷的苏轼做过杭州通判、密州知州、徐州知州、湖州知州，写下大量优美的诗词，也写了不少讽刺新法的诗。

中国诗歌有一个传统叫"主文谲谏"，即用诗歌对政治问题发表看法，言之者无罪，闻之者足以戒。苏轼写讽刺诗虽符合诗教传统，却触怒了皇帝。宋神宗派人把他抓到御史台进行审讯，是为"乌台诗案"。苏轼被关押了约四个月，元丰三年（1080）年初，以授检校水部员外郎黄州团练副使身份谪居黄州，时年四十五岁。

我们熟悉的旷达的苏东坡，一开始就是旷达的吗？这可以从他创作的诗词中去寻找端倪。初到黄州，苏轼寓居在定慧院，在满园的杂花之中看到一株海棠，百感交集，写了这首《寓居定惠院之东杂花满山有海棠一株土人不知贵也》：

> 江城地瘴蕃草木，只有名花苦幽独。
> 嫣然一笑竹篱间，桃李漫山总粗俗。

也知造物有深意，故遣佳人在空谷。

自然富贵出天姿，不待金盘荐华屋。

朱唇得酒晕生脸，翠袖卷纱红映肉。

林深雾暗晓光迟，日暖风轻春睡足。

雨中有泪亦凄怆，月下无人更清淑。

先生食饱无一事，散步逍遥自扪腹。

不问人家与僧舍，拄杖敲门看修竹。

忽逢绝艳照衰朽，叹息无言揩病目。

陋邦何处得此花，无乃好事移西蜀？

寸根千里不易到，衔子飞来定鸿鹄。

天涯流落俱可念，为饮一樽歌此曲。

明朝酒醒还独来，雪落纷纷那忍触。

　　海棠是来自蜀地的名花，如今却在寂寞的江城开放，和杂花一起自生自灭，这像不像苏轼自己？这个时候他的心灵是旷达的吗？凭什么旷达？遇到了这么大的挫折，这么大的打击，这么大的冤屈，难道不苦闷吗？

　　这就是大诗人的品质，痛苦的时候写痛苦，超越的时候写超越，老老实实地写自己，自有一种大气。

　　这首诗描写了一个意象——海棠，它美丽脱俗，不为人知，生命短暂。今天还能诗酒相对，到了明天，就化作漫天飞雪。海棠，是经过心灵折射镜映出的诗人自己。

　　再来看第二个意象——孤鸿，出自《卜算子·黄州定慧院寓居作》：

　　缺月挂疏桐，漏断人初静。谁见幽人独往来，缥缈孤鸿影。

　　惊起却回头，有恨无人省。拣尽寒枝不肯栖，寂寞沙洲冷。

　　海棠是苏轼自己，孤鸿也是。孤鸿是孤独、寂寞的，它脱离了雁群，内心有深深的创痛。

　　我们可以试着把自己代入。四十五岁时被朝廷踢出去，流放到荒寒之地，时间一天一天在流逝，你感觉如何？我们参加高考，不就是为了考个好大学，有个好工作，然后获得好的成就，在这个世界上大展宏图吗？

苏轼也这样，他已经大展宏图了，现在却被狠狠地从高处踢下，失去了所有。当然，他并不是真的一无所有，只是对很多人而言，失去了前途就是失去所有。在临皋亭，苏轼给司马光写信：

> 寓居去江无十步，风涛烟雨，晓夕百变，江南诸山在几席，此幸未始有也。虽有窘乏之忧，顾亦布褐藜藿而已。

这个地方离江只有十几步，有风涛烟雨、青翠山峦环绕着自己，这是前所未有的体验。

在《书临皋亭》中，苏轼说：

> 东坡居士酒醉饭饱，倚于几上。白云左缭，清江右洄，重门洞开，林峦岔入。当是时，若有思而无所思，以受万物之备，惭愧！惭愧！

当什么都没有的时候，正好和大自然亲密接触，领略"万物之备"，这未尝不是一种新的获得。

再来看这首《南乡子·黄州临皋亭作》：

> 晚景落琼杯，照眼云山翠作堆。
> 认得岷峨春雪浪，初来，万顷蒲萄涨渌醅。
> 暮雨暗阳台，乱洒高楼湿粉腮。
> 一阵东风来卷地，吹回，落照江天一半开。

"岷峨春雪浪"，是来自故乡的流水，原来江水一直默默跟随着自己。"万顷蒲萄涨渌醅""落照江天一半开"，大自然有多么丰富的颜色和神态！在什么都没有的时候，在荒寒之地，我们可以去领会苏轼获得了什么。

境遇不是我们自己可以选择的，不同的境遇带来不同的体验，如果愿意拥抱新的体验，或许丧失也是获得。朱刚老师讲苏轼黄州时期的生活，是"耕种自济、养生自保、著书自见、文学自适、韬晦自存"。没有士大夫跟他交往了，他就跟当地的百姓交往，自己默默著书、耕地，养活自己，自己跟自己在一起。

当一个人从主流社会脱轨，只能面对自己的时候，能不能把自己搞定？很难的，很多人甚至连养活自己都很难。

不论身处顺境或逆境，一个人能够把自己搞定，是非常了不起的事。有的人在逆境中搞得定自己，在顺境中反而搞不定，有的人反之，更多的人，无论在顺境逆境中都不能真实地面对自己。把自己搞定，或许就是苏轼黄州四年的课题和任务。

现在我们来到元丰五年（1082），这一年是苏轼创作的丰收期，他经历了非常重要的心灵成长。先看看他在寒食节写的《寒食雨二首》：

其一

自我来黄州，已过三寒食。

年年欲惜春，春去不容惜。

今年又苦雨，两月秋萧瑟。

卧闻海棠花，泥污燕支雪。

暗中偷负去，夜半真有力。

何殊病少年，病起头已白。

其二

春江欲入户，雨势来不已。

小屋如渔舟，濛濛水云里。

空庖煮寒菜，破灶烧湿苇。

那知是寒食，但见乌衔纸。

君门深九重，坟墓在万里。

也拟哭途穷，死灰吹不起。

《寒食帖》被称为"中国第三大行书"，第一大行书是王羲之的《兰亭序》，第二大行书是颜真卿的《祭侄文稿》。王羲之、颜真卿和苏轼都是非常重要的书法家，为什么我们偏偏选出这三篇作品？因为它们是作者在非常浓郁的情感状态中，带着痛苦创作的，书法和文本都充满张力。

在诗中，苏轼说"君门深九重，坟墓在万里""也拟哭途穷，死灰吹不起"。他想施展政治抱负，但是好像完全无望，想念家乡却回不去，甚至连哭都哭不出来，就好像死灰吹不起一样，完全没有任何的希望。

海棠花这个意象，在这首诗里再次出现。诗人已经第三年不能回乡扫墓了，好像要被永远困在这里。春是一个人的生命，是美好的可能性，但是春天在消逝，海棠在凋落，就像诗人的生命正在凋谢一样。

"暗中偷负去，夜半真有力。"这个时候苏轼四十七岁，古人的寿命不长，四十七岁是生命的下半段了。时间流逝令他痛苦，加上阴雨绵绵，苏轼的心情显然很不好。

几天后，三月七日，苏轼写下了《定风波》：

> 三月七日，沙湖道中遇雨，雨具先去，同行皆狼狈，余独不觉。已而遂晴，故作此词。
>
> 莫听穿林打叶声，何妨吟啸且徐行。竹杖芒鞋轻胜马，谁怕？一蓑烟雨任平生。
>
> 料峭春风吹酒醒，微冷，山头斜照却相迎。回首向来萧瑟处，归去，也无风雨也无晴。

一般人遇到雨会想躲雨，但苏轼说那有什么关系呢，我主宰不了雨，但我可以主宰自己的心情。如果带了伞，当然可以打个伞，如果没有伞，也不是不可以淋淋雨。等到回首向来萧瑟处的时候，雨和晴又有什么分别呢？雨和晴会不断变换，但假如我心中有不变的地方，那个地方是安然的，雨也好，晴也好，都不足以让我惊慌，也不足以让我困扰。

前面写《寒食雨》的时候苏轼还很痛苦，但现在他对于雨已经有了免疫力。元丰三年（1080）初到黄州，元丰四年（1081）垦荒东坡，到了元丰五年（1082），他必须要对自己有所交代了。无论怎么样，一个人得先搞定自己，自己对自己有办法。

没过多久，苏轼又写下《浣溪沙》：

> 游蕲水清泉寺，寺临兰溪，溪水西流。
>
> 山下兰芽短浸溪，松间沙路净无泥。萧萧暮雨子规啼。
>
> 谁道人生无再少？门前流水尚能西！休将白发唱黄鸡。

这首词很豪迈，谁说人老了就不行？门前的水不一定只往东流，时间也不一定永远往前走。谁说老了就完蛋了呢？不可以老当益壮吗？

这几首诗词都写到了雨。雨是什么？晴是什么？"也无风雨也无晴"又是什么？是一种心境。雨是雨，晴是晴，但我可以选择怎么看待雨和晴，我的心境我做主。

一咏赤壁

时间来到元丰五年（1082）的夏天，苏轼去游赤壁，写下《念奴娇·赤壁怀古》：

> 大江东去，浪淘尽，千古风流人物。故垒西边，人道是，三国周郎赤壁。乱石穿空，惊涛拍岸，卷起千堆雪。江山如画，一时多少豪杰。
>
> 遥想公瑾当年，小乔初嫁了，雄姿英发。羽扇纶巾，谈笑间，樯橹灰飞烟灭。故国神游，多情应笑我，早生华发。人生如梦，一尊还酹江月。

"人道是，三国周郎赤壁。"苏轼在一篇小文里说叫"赤壁"的地方有三处，可见，他自己也不确定黄州赤壁是不是真正的古战场。"人道是"，不管是不是，人家说是，我就把它当作是。

他为什么不好好考证，有一分证据说一分话？他为什么对赤壁，或者说对周郎有那么多的感触？因为他内心有一份郁结亟须纾解。这个地方乱石穿空，惊涛拍岸，也激起苏轼内心的澎湃。历史上的赤壁之战，谈笑杀敌的周郎不过三十多岁，小乔初嫁了，正衬得他雄姿英发。而我，一个快五十岁的人，已有星星白发，来到那个少年英雄建立功勋的地方，感叹自己的一事无成。我也曾有雄心啊，我也曾有壮志啊！

苏轼听着庆历新政的故事长大，从小"奋厉有当世志"。后来他中了进士，进入仕途，那些他崇拜的人也喜欢他，对他寄予厚望。他想要大展宏图，也确实很有希望，但是现在，一瓢冷水泼下来，他被逮捕、被审判，被流放到这个地方，不甘啊。

这首词以周郎和自己的对比立意，"小乔初嫁了，雄姿英发"对应"多情应笑我，早生华发"，"羽扇纶巾，谈笑间，樯橹灰飞烟灭"对应"人生如梦，一尊还酹江月"，二者有很大的落差。

这里表达了苏轼的年龄焦虑。子曰："后生可畏，焉知来者之不如今也；四十五十而无闻焉，斯亦不足畏也已。"胡绍勋《四书拾义》："人至五十为老年，是以养老自五十始。曲礼云：'五十曰艾。'王制云：'五十始衰。'"年轻人值得敬畏，因为你不知道他以后会有怎样的发展，但是如果此人已经四五十岁，就不必忌惮，他不会再有太大的变化了。

古人五十岁就为老年，所以四十七岁的苏轼有很深的年龄焦虑。我们看词中的景物描写——乱石穿空，惊涛拍岸，卷起千堆雪，它们是诗人心理能量的外显，他的心情激荡、不平，就像那石和浪。

这首词显化了作者内心的郁结——我们管它叫"情结"，它投射、幻化出三国的周郎。周郎是"千古风流人物"，"我"是"早生华发"，周郎是"一时多少豪杰"，"我"是"一尊还酹江月"。

周郎赤壁从何而来？是真的有，还是借题发挥？苏轼自己也知道此地未必是三国的赤壁，可他内在有"周郎情结"，外在就投射出"周郎赤壁"。因为这首诗，从此大地上多出了一处名胜，令人不得不赞叹文学的魔力。

二咏赤壁

到了秋天，苏轼二咏赤壁，写下《赤壁赋》：

> 壬戌之秋，七月既望，苏子与客泛舟游于赤壁之下。清风徐来，水波不兴。举酒属客，诵明月之诗，歌窈窕之章。少焉，月出于东山之上，徘徊于斗牛之间。白露横江，水光接天。纵一苇之所如，凌万顷之茫然。浩浩乎如冯虚御风，而不知其所止；飘飘乎如遗世独立，羽化而登仙。
>
> 于是饮酒乐甚，扣舷而歌之。歌曰："桂棹兮兰桨，击空明兮溯

流光。渺渺兮予怀，望美人兮天一方。"客有吹洞箫者，倚歌而和之。其声呜呜然，如怨如慕，如泣如诉；余音袅袅，不绝如缕。舞幽壑之潜蛟，泣孤舟之嫠妇。

苏子愀然，正襟危坐而问客曰："何为其然也？"客曰："'月明星稀，乌鹊南飞'，此非曹孟德之诗乎？西望夏口，东望武昌，山川相缪，郁乎苍苍，此非孟德之困于周郎者乎？方其破荆州，下江陵，顺流而东也，舳舻千里，旌旗蔽空，酾酒临江，横槊赋诗，固一世之雄也，而今安在哉？况吾与子渔樵于江渚之上，侣鱼虾而友麋鹿，驾一叶之扁舟，举匏樽以相属。寄蜉蝣于天地，渺沧海之一粟。哀吾生之须臾，羡长江之无穷。挟飞仙以遨游，抱明月而长终。知不可乎骤得，托遗响于悲风。"

苏子曰："客亦知夫水与月乎？逝者如斯，而未尝往也；盈虚者如彼，而卒莫消长也。盖将自其变者而观之，则天地曾不能以一瞬；自其不变者而观之，则物与我皆无尽也，而又何羡乎！且夫天地之间，物各有主，苟非吾之所有，虽一毫而莫取。惟江上之清风，与山间之明月，耳得之而为声，目遇之而成色，取之无禁，用之不竭。是造物者之无尽藏也，而吾与子之所共适。"

客喜而笑，洗盏更酌。肴核既尽，杯盘狼藉。相与枕藉乎舟中，不知东方之既白。

《赤壁赋》中的"客"是谁？是和苏轼一起泛舟的朋友吗？其实不是。中国文学史上有一个"客主赋"的传统，文中的"主"和"客"是同一人的两个人格面向的外显——"主"是他自己，"客"也是他自己。客主赋，是一个人的内心戏。

我们来看《赤壁赋》中的"客"。

"客"说，你看英雄豪杰们曾在这里建功立业，他们现在又去了哪里？我们这些渔樵之人，和英雄相比多么渺小，而我们的生命也是有限的……是不是有点似曾相识？《赤壁怀古》中的"我"，不也在羡慕那些英雄豪杰吗？《赤壁怀古》中的"我"，摇身一变，成为《赤壁赋》中的"客"。

那么《赤壁赋》中的"主"也就是"我"又是谁呢？这是一个增量。

"客"说："寄蜉蝣于天地，渺沧海之一粟。哀吾生之须臾，羡长江之无穷。挟飞仙以遨游，抱明月而长终。知不可乎骤得，托遗响于悲风。"生命是局限范围内的存在，某个区间里拥有某种条件才能做某些事情，当条件消失后机会也消失，有限和有待是人的处境，这令"客"感到痛苦。

这个"客"相当于《赤壁怀古》中的"我"。现在，《赤壁赋》中的"主"也就是"苏子"出来了，劝诫"客"不要只看到生命的局限，劝他跳出来，换一种眼光，看向无限的世界。

从永恒的尺度、宇宙的尺度、自然的尺度，站到哲学的高度，去看见水和月。在这样的观照中，一切都是"无尽藏"。人为什么会有丧失感？因为我们想拥有，却又不可能时常拥有。但那些"无尽藏"我们又真的能得到，或者说，会失去吗？那些江上清风、山间明月，取之不尽用之不竭，造物主给我们的"无尽藏"，能领受吗？

苏轼的很多观念和庄子有关，我时常觉得苏轼是一个宋代的庄子。他是一个把庄子的状态真正活出来的人，他活出了那种潇洒和无限。

回过头看《书临皋亭》：

> 东坡居士酒醉饭饱，倚于几上。白云左缭，清江右洄，重门洞开，林峦坌入。当是时，若有思而无所思，以受万物之备，惭愧！惭愧！

他的确"丧失"了，但他也不断接受着"万物之备"，整合着人格，成长为与天地精神相往来的"苏子"。

一年后，苏轼写《记承天寺夜游》，说"何夜无月？何处无竹柏？但少闲人如吾两人者耳"。清风朗月永远都在，但很少有人能够真正放下对自我和"有"的执着，简简单单地走进天地。其实只要简单地走进去，就拥有了一切。

在黄州的这几年，苏轼从高处跌落，却邂逅了另一个自己。水、月、烟、雨滋养着他，令他领悟到天地的大美。他明白人生不是只有狭窄的轨道，有为固然很好，但生命真正的基底，在造物之无尽藏，在释然的内心，在清风明月。

从《赤壁怀古》到《赤壁赋》，苏轼从怀古嗟叹到和"客"谈天，从

"自其变者而观之"到"自其不变者而观之",从"有主""有尽"到"无主""无尽",从悲哀走向旷达。

《赤壁赋》中,"客"是苏轼一个比较老旧的人格,"主"是他逐渐成长起来的新的人格——一个得益于黄州之贬的增量。

最后,客喜而笑,洗盏更酌。肴核既尽,杯盘狼藉。相与枕藉乎舟中,不知东方之既白。

如果说"客"是一种阳性人格,追求事业的成功,"主"就是一种与它相反的阴性人格,链接更加深邃的永恒的存在。

当客与主一起喝酒、"相与枕藉乎舟中"时,追求建功立业和追求清风朗月的两个人格合一,阴阳就转起来了,苏轼也完成了一次人格的升华和整合。

心理学家荣格说,一个人只有当他适应了自己的内心世界,也就是说,当他同自己保持和谐的时候,他才能以一种理想的方式去适应外部世界所提出的要求;同样,也只有当他适应了环境的需要,他才能够适应他的内心世界,达到一种内心的和谐。

《赤壁赋》展现了苏轼内心世界的和谐建构,他曾真实地跌落到地面,真正地上下求索,痛苦过、感受过、愤懑过、释怀过,才能真正地超越。

这篇赋主要描写的景物是水与月——清风徐来,水波不兴,白露横江,水光接天,景物描写也是心理能量的外显。

《赤壁怀古》主要描写了水与石——乱石穿空,惊涛拍岸,有很多冲突和痛苦;到了《赤壁赋》,景物的意境和谐、宁静、清远,因为此时作者的心境不一样了。

三咏赤壁

冬天到了,苏轼再去了一次赤壁。《后赤壁赋》一般被认为比较难懂,不是说这篇赋佶屈聱牙,而是说作者的心境难懂。

我们来看《后赤壁赋》:

> 是岁十月之望,步自雪堂,将归于临皋。二客从予,过黄泥之

坂。霜露既降，木叶尽脱，人影在地，仰见明月，顾而乐之，行歌相答。

已而叹曰："有客无酒，有酒无肴，月白风清，如此良夜何？"客曰："今者薄暮，举网得鱼，巨口细鳞，状似松江之鲈。顾安所得酒乎？"归而谋诸妇。妇曰："我有斗酒，藏之久矣，以待子不时之须。"

于是携酒与鱼，复游于赤壁之下。江流有声，断岸千尺，山高月小，水落石出。曾日月之几何，而江山不可复识矣。予乃摄衣而上，履巉岩，披蒙茸，踞虎豹，登虬龙，攀栖鹘之危巢，俯冯夷之幽宫。盖二客不能从焉。划然长啸，草木震动，山鸣谷应，风起水涌。予亦悄然而悲，肃然而恐，凛乎其不可留也。

反而登舟，放乎中流，听其所止而休焉。时夜将半，四顾寂寥。适有孤鹤，横江东来。翅如车轮，玄裳缟衣，戛然长鸣，掠予舟而西也。

须臾客去，予亦就睡。梦一道士，羽衣翩跹，过临皋之下，揖予而言曰："赤壁之游乐乎？"问其姓名，俯而不答。

"呜呼！噫嘻！我知之矣。畴昔之夜，飞鸣而过我者，非子也耶？"道士顾笑，予亦惊寤。开户视之，不见其处。

这一次有月，有江，有客，有歌，有酒，有菜，有赤壁行舟，还有什么是新的增量呢？

这一次"客不能从"。因为不能止息的内在冲动，主人公独自登上了山岩，划然长啸，然后回到船上，任由小船在江水上飘荡，一只孤鹤飞过，回家睡觉梦见一位道士，原来他就是那只孤鹤。

我们来看新的增量——孤鹤。元丰三年刚到黄州的时候，苏轼把自己比作孤鸿，孤鸿和孤鹤有什么区别？孤鸿是慌张的，它惶恐于自己的失群，会哀鸣；孤鹤是自在的，它本来就独来独往。

这次的景物描写——江流有声，断岸千尺，山高月小，水落石出，山鸣谷应，风起水涌，一方面很寂静，一方面又非常激烈。

这个激烈和一咏赤壁时的"乱石穿空，惊涛拍岸"不是同一种激烈。这是一种走向自己的内心深处，再往里探索，不论别人跟不跟得上都会勇敢前行的内在的果决。一种不能止息的内在冲动带苏轼上路，去寻找那些不能言喻的东西，让他来到了无人区。

弗洛伊德把心灵比喻为一座冰山，浮出水面的是意识，埋藏在水面下的是潜意识。他认为人的言行举止只有少部分是意识在控制，其他大部分是由潜意识主宰，而且是主动地运作，不被人察觉。

荣格说，不仅有个人无意识，还有集体无意识。祖先和文化会在人的心灵中留下一些烙印，以"原型"的形式呈现。人应该周期性地退缩到自己的内心深处，这样做的目的并不是为了逃避现实，而是为了从无意识的能量中获得持续支持。睡眠为我们提供了沉潜到无意识中的机会，同时它也提供了无意识得以在梦中显示自己的机会。

他还说，一个人在四十岁以前要追求自我（ego），四十岁以后要转向追求自性（self）。自性是一个人具有整合性、秩序性、中心与完整性、神圣与超越性的内在元素。四十岁之后的人会有和前期不一样的生命动力，去整合自己，完善自己的人格。

就如同苏轼，在登高长啸后，他让小船在河流中随意漂荡，不去控制它，因为在自足的状态下他是无论东西的。苏轼到了后期是一个完整圆满的人。所以后赋是不好讲的，因为它显示的是自性的踪迹。我们很多人自我还没有找到，更说不上寻找自性。虽然如此，整合自我人格的诉求其实内在于每个人的心中，虽不能至，心向往之。

在后赋里，自性幻化为一只孤鹤，翩然从小船上飞过，又翩然飞到梦中，带给苏轼，也给我们这些读者难以言喻的启发与触动。

明时，袁宏道比较前赋和后赋说："《前赤壁赋》为禅法道理所障，如老学究着深衣，遍体是板；后赋平叙中有无限光景，至末一段，即子瞻亦不知其所以妙。"前后赋的主题都是人格的整合，前赋用了主客二人谈论道理的方式，遍体是板；后赋跟随着潜意识一片神行，连作者都不知其所以妙，光景无限。

就像后赋中的描写，苏轼"反而登舟，放乎中流，听其所止而休焉"，达到了随流漂荡的自主状态。

在后赋的开头有一尾鱼，到了末尾又有只鸟，它们意味着什么？从心理分析的角度来看，这是来自潜意识，或者说是集体无意识的原型意象。在庄子《逍遥游》的开篇也有一尾鱼和一只鸟：

　　北冥有鱼，其名为鲲。鲲之大，不知其几千里也；化而为鸟，其
名为鹏。鹏之背，不知其几千里也；怒而飞，其翼若垂天之云。是鸟
也，海运则将徙于南冥。

　　鱼潜藏在水底，鸟飞翔在天空；鱼是我们的潜意识，鸟是我们的显意
识。只有能够做鱼鸟之变的人，才能将潜意识不断向显意识转化，去激起
灵感，激活能量，创作出海阔天空的佳作。

　　就好像阴阳鱼一样，鱼和鸟不就是另一种阴阳鱼吗？白色的那部分是
鸟，黑色的那部分是鱼；冰山上的八分之一是鸟，冰山下的八分之七是
鱼。阴阳鱼，应该转起来。苏轼的意识和潜意识，生命的上半场和下半
场，建功立业与在天地中安放自己的生命，正如飞鸟与鱼，假如没有前者
那一次"失速流离"，贬落到黄州，没有后者那一番上下求索，"张望关
注"，哪来这一场不被看好的"眷与恋"？

　　最后我们来整体回顾一下"三咏赤壁"。在景物描写上，一咏赤壁是
水与石，二咏赤壁是水与月，三咏赤壁是水与岩。在风格上，一咏赤壁是
崇高，二咏赤壁是优美，三咏赤壁是诡谲。在心的作为上，一咏赤壁是悲
怀的宣泄，二咏赤壁是理性的调适，三咏赤壁是自性的起用。

　　海明威在《午后之死》中写道："冰山运动之所以雄伟壮观，是因为
它只有八分之一在水面上。"文学如此，心灵也是如此。露在表面上的显
意识只占心灵的八分之一。意识需要拥抱它的对立面，不断整合，不断拓
展，走出自己的英雄之旅。

　　"英雄之旅"是神话学家坎贝尔提出来的一个理论，他在荣格心理学
影响下，通过对世界各地神话故事的梳理，提炼出了一个人的成长模型，
或者说原型。它从一个呼唤开始。作为普通人，我们每天忙于生活的事
务，在焦虑和无聊中反复横跳。但是有一天，你"卷"不动了，或者被老
天踢了一脚，跌落悬崖，遭受了突然的变故。你不甘，你不愿，你痛哭，
你愤懑，都没用，你必须在新的处境中活下去，活过来，走出来。你需要
链接新的资源，完成新的任务，获得新的领悟，带着突破了过往局限的重
生的自己归来，也带回你送给世界的礼物，这就是英雄之旅。

　　我们来看元丰五年的苏轼，他不就是带着礼物回来了吗？他正视自己
的伤痛和失落，链接了更大的资源，完成了人格整合，走出了英雄之旅。

赤壁三咏和其他文学作品，以及更加完整的自己是他带回的礼物，就像一首歌中唱的：

> 此刻已皓月当空，爱的人手捧星光。
> 我知他乘风破浪，去了黑暗一趟。
> 感同身受，给你救赎热望。

至此，一场三咏赤壁的内心戏落幕了，苏轼完成了心灵的整合，成为了更强大的人。

我们最开始提到的"人道是，三国周郎赤壁"到哪里去了呢？它变成了"东坡赤壁"。中国文化史上有两个赤壁，一个是周郎赤壁，武赤壁；一个是东坡赤壁，文赤壁。东坡赤壁的功绩难道比周郎赤壁小吗？一个人在自己心灵中取得的成就，比另一个人在社会活动中取得的成就小吗？

当然不是。东坡赤壁的成就一点都不亚于周郎赤壁。文学是心灵的风景，心灵的风景会改观真实的大地。从困顿之中拿到礼物，回到世界，走出英雄之旅的心灵，书写英雄之旅的作品，会带给我们持久的启迪。

久违了，赤壁三咏。

你好，东坡赤壁！

苏东坡的人生哲学

李宗桂　中山大学哲学系教授

很高兴眉山市给我一个机会学习苏东坡的思想，弘扬苏东坡的精神，传播中华优秀传统文化。接到邀请后，我和朋友谈到自己将在眉山讲苏东坡的人生哲学。他调侃道：你要去眉山三苏祠讲苏东坡？你怎么不去孔夫子门前卖书呢？这让我倍感压力。我此行居住的酒店叫"一溪云"，它出自苏东坡的一首词，叫《行香子·述怀》。在这首词里，苏东坡表达了他对于世俗社会"浮名浮利，虚苦劳神"的厌倦和期望摆脱精神困扰、回归自我的愿望。因此，在词的末尾，他直抒胸臆道："几时归去，作个闲人。对一张琴，一壶酒，一溪云。"此外，酒店二楼的墙上写着"此心安处是吾乡"，这话同样出自苏东坡的一首词，叫《定风波·南海归赠王定国侍人寓娘》。由此可见，眉山深受三苏文化熏染。在这里，人人讲"三苏"、爱"三苏"、弘扬"三苏"，让我不由得怀疑——他们还需要我来讲苏轼吗？

这场讲座虽然被安排在了大学，但它不是专题性的学术讲座，而是社会性的公共讲座，所讲的内容应该通俗易懂，让大家能够思考、认同和交流。对我而言，如何在雅俗之间、高雅文化与大众文化之间，找到一个合适的切入点，如何把握适度的张力，是很难的。但更难的是，本次讲座设在了眉山职业技术学院。据我所知，眉山职业技术学院是在眉山师范学校和眉山农业学校的基础上组建而成的。而我是眉山师范学校 1975 届的毕业生，所以这次等于回到了母校。

切入正题，本场讲座的主题是"苏东坡的人生哲学"。哲学一共分为八个二级学科，中国哲学就是其中之一。我的专业就是中国哲学，具体的研究方向是中国传统文化与现代化。今天，我们正在大力弘扬优秀传统文化，探索、回味、理解传统文化的优长之处，努力传承中华文脉，挺立民族精神，增强文化主体性，以中国式现代化为目标，为实现中华民族的伟大复兴而努力。在这样的文化语境下，如何更好地理解、诠释中华优秀传统文化，并实现创造性转化与创新性发展，是非常重要的。在我看来，研究三苏文化，特别是探讨苏东坡的精神世界，洞察苏东坡的人生哲学，是个很好的切入点。

苏东坡的一生是光辉的一生，也是坎坷的一生、困顿的一生。他是中国传统社会典型的士大夫的代表。他是自强不息、厚德载物的中国文化精神的真诚的践行者，是忧患意识、淑世精神的彰显者，是仁民爱物、爱亲重友品行的倡导者，是挺立自我、不从流俗的大丈夫精神的坚持者，是超越物我、融贯儒佛道正面价值的综合创新者，也是乐山乐水、钟爱大好河山的家国情怀的构建者。他战胜了自我，超越了自我，走向了精神的自由王国。这对于生活在市场经济时代的我们，有很多有益的启迪。所以，出于这样一种考虑，我觉得我们应该谈谈苏东坡的人生哲学。

什么是人生哲学？

曾有人问我，人生哲学是什么。我想，人生哲学是我们关于人生问题在思维方式和价值理念方面的根本性看法。哲学讲思维方式。我们怎么去思考问题、面对问题和解决问题，以及我们用什么样的价值理念或价值取向去对待个人、社会、国家、民族、人生，当我们把这些根本性问题上升到哲学的层面上来，就形成了我们的人生哲学。

那么，苏东坡的人生哲学是什么？首先，我认为苏东坡的人生哲学是向前、向上、向善的"三向"的哲学，是立德、立功、立言的"三立"的哲学。《左传》里提到，人生在世要有所追求，不断前进，不断奋斗，不断提升。其中，有三件事最值得追求，分别是立德、立功、立言，具体包括："太上有立德"，即最上等的事业是树立美德；"其次有立功"，即建功立业，成就一番事业；"其次有立言"，即著书立说或者形成自己的理论、思想。"三立"是不朽的事业，不论时间如何流逝，社会如何变化，它都坚韧地存在，并引领着我们的人生方向。著名相声表演艺术家马三立的名字就来源于此。可见，传统文化不是博物馆里的文物，也不是仅供我们瞻仰的对象，而是深深地活在我们的社会中、生活中、文化中。

其次，我认为苏东坡的人生哲学是穷独达兼、止于至善的哲学。"穷则独善其身，达则兼善天下"，这是中国古代士大夫所信奉的人生哲学。当我志得意满、人生畅达时，就"兼善天下"，为社会大众谋利；当我不得志时，就"独善其身"，做到"止于至善"。中国传统文化追求"大学"，也即"大人之学"。所谓"大学之道"是指成就一个品德高尚、顶天立地、浩然正气的人的学问、方法和原则。"大学之道"先是"明明德"。第一个"明"做动词，指追求、把握美好的品德；再是"亲民"，朱熹把"亲民"解释为"新民"，指帮助人民、教育人民、启蒙人民；最后是"止于至善"，达到最高的善。

最后，苏东坡的人生哲学也是随缘自适、安时处顺的哲学。"天人合一"是中国传统文化的一个重要方面。所谓"天人合一"，指人道服从天道、人道效法天道。天道是神圣的、至善的、完美的，人要绝对地遵从它。在苏东坡这里，我们可以看到他是践行了"天人合一"的。他用自己的人生告诉我们，面对困顿、面对困难、面对灾难，我们应沉着应对、坦然处之、淡然处之，把我们的人生乐趣、人生成就，把我们所追求的价值理想在困顿和抗争中逐一实现。此外，苏东坡是儒释道兼综的。儒家、佛家、道家，三种古代哲学思想，他都重视、都体会、都践行，还都能把它们贯通起来，不是搞对立、割裂，而是有主有从。当然，这里的主是指儒家哲学。我认为，苏东坡所呈现的儒学，是一种综合的、创新的哲学。他践行了"仁民爱物"的价值理念——仁爱民众、爱护万物、爱护自然、爱护世界、天下一家。

苏东坡人生哲学的价值来源和哲学根据

中国传统文化是以儒家文化为主导的文化，我称之为"趋善求治"的伦理政治型文化，即趋向善，奔向善，追求社会的治理、自然的治理、人的治理。此外，中国传统文化讲和谐，人与自然的和谐，人与社会的和谐（当然也包括人与他人的和谐），以及人自我身心的和谐。苏东坡考进士时所写文章的题目是《刑赏忠厚之至论》（后被收录进《古文观止》）。这篇文章记录了他的政治抱负和对国家治理的理解，是典型的传统士大夫的思想，也是典型的儒家文化的表现。文章中，苏东坡谈了许多修齐治平的事实、经验，展露了"致君尧舜上"的理想。所谓"致君尧舜上"，指用自己的学问，协助君主成为圣人，这在当时是很崇高的政治理想。古代士大夫都想通过自己的努力、凭借自己的学问帮助实现国家强盛、社会安定，即趋善求治。但在传统社会，士大夫的个人理想往往没办法通过个人行为实现，得君行道才是正途。最好的途径，就是通过君主去实现，让君主认同自己的主张后，通过行政措施和政治力量，将理想变成现实。

在进士答卷中，苏东坡讲了尧、舜、禹、汤、文、武、成、康。"何其爱民之深，忧民之切，而待天下以君子长者之道也"（宽厚地爱老百姓，深切地关怀民众的苦难，以君子长者之道待天下）；又写道"有一善，从而赏之""有一不善，从而罚之，又从而哀矜惩创之"（有善的要鼓励要奖赏，不善的要惩罚要处理，但是在惩罚处理的时候，还是用悲悯之心哀怜之心去对待，希望他们不要再犯）。他还引用古书上的话："《传》曰：'赏疑从与，所以广恩也；罚疑从去，所以慎刑也。'"这句话的意思是，古书上说，君主治国理政，应尽力去处理。要奖赏的时候，即使没有切实的证据，还是应该奖赏，这是"广恩"；要惩罚的时候，如果证据不足，宁可不惩罚，这是"慎刑"。大家注意，苏东坡把赏罚放在以君子长者之道治天下的儒家文化的框架内，但赏罚并用这个思想本身出自韩非子。韩非子是著名的法家代表人物，主张严刑峻法。可见，对待历史上的思想文化，苏东坡不是简单地排斥哪一家、否定哪一家，或盲从哪一家，而是根据需要和具体情况，有选择、有比较地鉴别和吸收。

谈过"广恩""慎刑"的主张后，苏东坡引述《尚书》中"与其杀不辜，宁失不经"的话，进一步论证自己的观点。他认为，与其滥杀无辜，宁可不杀，宁可被人说我做得不对，也不搞冤假错案。他还说"可以赏，可以无赏，赏之过乎仁；可以罚，可以无罚，罚之过乎义"。这句话的意思是当可以奖赏，也可以不奖赏的时候，你去奖赏了，就过于仁了，这是不太对的，但也不至于错了；而当对一个人既可以进行惩罚，也可以不惩罚的时候，你去惩罚了，就是不正义的，是错的。中国传统文化非常反对不义。不义之举、不义之财，都是不对的。苏东坡宁可奖赏过头，也不愿因乱惩罚而导致不义，他始终坚持正义与公义。苏东坡在答卷中继续说，"疑则举而归之于仁，以君子长者之道待天下，使天下相率而归于君子长者之道"。这句话的意思是说，经邦济世、治国安民的各种政策或措施，最后都要以仁为指导，为政者以君子长者之道待天下，从而使天下之民都归于君子长者仁厚之道。同时，他还以《春秋》举例。《春秋》是一部历史书，中国古代文化的重要经典。《春秋》的原则是"立法贵严""而责人贵宽""因其褒贬之义，以制赏罚，亦忠厚之至也"。立法要严格，但当你面对人的时候，则要宽厚，如果能这样做，就是忠厚的最高境界。儒家讲以礼治国、以德治国，中国的传统文化主张以德治天下，德是礼的重要构成。礼是制度，是规范。但仅仅有礼是不够的，还要有法。这个法是经过转化的，是吸收了法家思想，并在儒家文化原则指导下的"礼法合用"。董仲舒就曾提出"德主刑辅"。治国安天下，要以德为主、以刑为辅，不是以刑为主、以德为辅。苏东坡的主张是与此相应的。列宁也曾在《国家与革命》里讲过，国家有两种职能，一个是刽子手的职能，镇压被压迫者的反抗，利用国家机器维持秩序，另一种是牧师的职能，安慰被压迫者和被统治者，"给他们描绘一幅在保存阶级统治的条件下减少苦难和牺牲的远景"。

当然苏东坡也罢，董仲舒也罢，乃至更早的孔孟老庄也罢，他们都是从长期的社会发展实践中，从历朝历代治国理政的实践中，从社会治乱经验的总结中，形成了"礼法合用"的原则。苏东坡在这篇文章中虽没使用这个词，但却清楚地阐述了这一原则。我在此单独分享《刑赏忠厚之至论》的目的有两点，一是强调这篇文章的地位、影响和作用，二是点出苏东坡人生哲学的价值依据和哲学根据。

从中国思想文化史的角度看，从唐朝开始，几乎所有的读书人都为儒释道兼综，只不过三教思想畸轻畸重而已。苏东坡少年时代深受儒家思想影响，有了经邦济世、致君尧舜的抱负。他的一生具有强烈的进取精神和积极的入世精神，这些源自儒家思想。不过，在苏东坡这里，他又将其内化为了自己的思想，并用自己的语言表达了他个人的价值理想。苏东坡曾表露过他的志向："早岁便怀齐物意，微官敢有济时心。"他歌颂屈原的牺牲精神，称赞"屈原古壮士，就死意甚烈"。在宋仁宗时期，他大力主张改革，反对因循守旧，提出了一系列建设性政策，要求"课百官，安万民，厚货财，训兵旅"，还在政治、经济、军事等方面提出了一系列改革思想。他敢于谏言，敢于提出自己经过深思熟虑的独立主张。在《上神宗皇帝书》里，他明确反对王安石变法，因为他觉得王安石变法太过激进，并建议宋神宗"结人心，厚风俗，存纪纲"。他认为，国家的存亡不在于强和弱，而在于道德的浅与深。在他的视角下，道德的高下成为衡量国家强弱、个人优劣的标准。苏东坡这种以道德的高下论国家的强弱的思想，本质上是传统社会中唯道德主义的一种表现——过分强调道德，单纯强调道德，唯道德是从。按照现代文明的观点来看，这是具有时代局限性的，不要因为我们喜欢苏东坡，热爱苏东坡，就走向极端，认为苏东坡所讲的一切都是对的。但与此同时，苏东坡也不追随全盘否定王安石的司马光，因为他觉得王安石新法中也有些部分是好的。因此，在《上神宗皇帝书》里，苏东坡还要求朝廷广开言路，听取不同意见。他大胆上书批评新政，指出新政弊端，这是对民生的一种爱护，但也冒犯了天子的权威。所以说，苏东坡是一位典型的忠君报国的士大夫。在苏辙为苏东坡撰写的墓志铭里，苏辙回忆他们年轻的时候一道学习，一道读书，经常以古代圣人、贤人、能人、政治家为榜样，如贾谊、陆贽等。贾谊是汉代著名的思想家、政治家，《过秦论》的作者。陆贽是唐代宰相，大有作为的贤臣。钱穆先生在《国史大纲》里讲到，董仲舒的《天人三策》和贾谊的《过秦论》这两篇雄文奠定了汉代文人的政治基础。可见，他们所钟情的人生态度，是积极入世的，是深受儒家进取精神影响的。

但同时道家思想对苏东坡的影响也很深。苏东坡对于道家思想有一种积极的接受和自觉的认同。"人生如梦，一尊还酹江月""世事一场大梦，人生几度秋凉"等诗词，实际是更贴合道家思想的表述。儒家看到的是"常"，如稳定、持续、恒常等；而道家看到的是"变"，如方生方死、方死方生，人生苦短等。曾有学者说，庄子思想是苦闷的象征，"齐万物""齐是非""齐物我"，直至"无待""无我"，追求精神的绝对自由。苏东坡有一句话，不同的人可以从不同侧面去理解。这句话是"日啖荔枝三百颗，不辞长作岭南人"。我们也可以从道家角度去理解它，意思是世事纷扰，很多人钩心斗角，社会污浊，道德沦丧，只好"吾丧我"（忘掉自我），过好当下的日子。苏东坡还有一些具有强烈道家色彩的思想观念，如"惟江上之清风，与山间之明月，耳得之而为声，目遇之而成色，取之无禁，用之不竭。是造物者之无尽藏也，而吾与子之所共适""哀吾生之须臾，羡长江之无穷""挟飞仙以遨游，抱明月而长终"，以及"寄蜉蝣于天地，渺沧海之一粟"等。世界不断变化，风流总被雨打风吹去，没多少意思，不如抓住现在。这些都是非常典型的道家思想。

苏东坡不是佛教徒，他不过是"居士"而已。在中国传统社会中，很多士大夫都变相地、不自觉地、无意地认可佛教的某些理念，但这并不意味着他们就是佛教徒。王安石曾给他女儿写过一首诗："秋灯一点映笼纱，好读《楞严》莫忆家。能了诸缘如梦事，世间惟有妙莲花。"这首诗表明，即使是王安石这样的大儒家、大改革家，也对佛家思想的某些方面有所肯定。对于人类精神的安顿，佛教思想确实能在一定程度上发挥积极作用。佛教，尤其是禅宗文化是中国文化的重要构成，也是优秀文化资源的重要载体。

总的来说，苏东坡的思想以儒为主，贯通三教。苏东坡做的不是融合三教的工作，他不是一个有意识地要建构一个新型哲学体系的哲学家。苏东坡人生哲学的显著特点是以儒为宗。从他本人甚感得意的"三传"（《东坡易传》《书传》《论语传》）来看，确实如此。正如范立舟所说："以《东坡易传》为基干，会通诸家，以儒为本，融通三教，崇情抑性，重利致用，推自然之理，明人事之功，重视生命的价值，提倡人性的自由，追求旷达的人生境界，表现出一种自然主义的倾向。"

此心安处是吾乡

"此心安处是吾乡"出自苏东坡的词，但实际上这话不是苏东坡自己讲的，而是他转述别人的。《定风波·南海归赠王定国侍人寓娘》中，苏东坡写道："常羡人间琢玉郎，天应乞与点酥娘。尽道清歌传皓齿，风起，雪飞炎海变清凉。万里归来颜愈少。微笑，笑时犹带岭梅香。试问岭南应不好，却道：此心安处是吾乡。"从这里，我们就能看出苏东坡对岭南的好感。

古人说"埋骨何须桑梓地"，这与"此心安处是吾乡"有异曲同工之妙。岭南是苏东坡的流放之地。岭南有一种梅，开花的时候，一片雪白，结的果子可以做青梅酒。苏东坡说的"岭梅"应该就是这种梅。"试问岭南应不好"，岭南那个地方从客观上看应该不算好。但他回答说"此心安处是吾乡"。苏东坡一生四处漂泊，一贬再贬，越来越往南。甚至，他最后也没能回到故乡眉山，而是在常州病逝。与个人处境相反的是，苏东坡对人生的洞察越来越深刻，文学成就越来越大。基于此，我们便更能理解"此心安处是吾乡"所传达的价值理念。他在惠州时期写的"日啖荔枝三百颗，不辞长作岭南人"，以及他在海南儋州时期写的"他年谁作舆地志，海南万里真吾乡"等诗句，都是他"此心安处是吾乡"的体现。我觉得，苏东坡人生哲学的核心价值之一，就是提供了让社会大众能够认可，能够接受，并具有实操性和可行性的人生观。换言之，他通过个人的生命经验告诉我们，无论人生多么坎坷、多么痛苦，都应该保持豁达乐观的人生态度，感谢生活，享受生活。

此外，苏东坡提出要善于"处穷"。"穷"一般指穷困、贫穷，但它其实还有一个更重要的意思——困顿。苏东坡说要善于"处穷"，这里的穷既有穷困、贫穷的意思，也有迷茫、困顿的意思。

苏东坡就善于"处穷"。他的一生，经历了不少的穷，甚至是一而再再而三的穷。可是，面对人生境遇的穷，他一直能够安然对待，旷达处理。他自称"祸福苦乐，念念迁逝，无足留胸中者"，以超然的态度对待人生境遇的不顺。《超然台记》里，苏轼写过"人之所欲无穷，而物之可以足吾欲者有尽"。人的欲望是无穷的啊！但是外物对我们欲望的满足是有尽头的。因此，我们要在某种程度上抑制欲望，否则就会很苦恼。古人讲"克己复礼为仁"，讲"存天理，去人欲"。在市场经济的今天，我认为它们还是有一定的现实意义。苏东坡认为，人的欲望没有穷尽，一旦你沉迷于物欲之中，就会计较于美恶之辨、取舍之难，于是"可乐者常少，而可悲者常多"，失去了人生应有的乐趣。而他之所以没有陷进欲望的泥沼之中，能够常常处于快乐的人生境界中，是因为他超越了物欲的羁绊。用他自己的话说，就是"余之无所往而不乐者，盖游于物之外也"。学界认为，苏东坡这种不计祸福、安贫乐道、恬淡自适的处世哲学，支撑了他在困顿时期的自我超越，是他奋力前行的精神滋养。正是这种旷达超越的人生态度，使他的"处穷"之道彰显了主体性。

当然，苏东坡对于人生的苦难，对于不顺的境遇，并不是麻木不仁，面对政治迫害也并不是逆来顺受。他也有不满，也发牢骚，但更多的是用超越的方式去处理。儒家的坚毅精神，道家的超越态度，以及禅宗以平常心对待变故的观念，被苏东坡有机地融合了起来，做到了蔑视丑恶，消解痛苦。有学者评价道："这种执着于人生而又超然物外的生命范式蕴含着坚定、沉着、乐观、旷达的精神，不仅构成苏轼人生哲学的基本特征，也是苏轼迎战人生困厄和苦难的力量源泉，是中华民族精神的宝贵财富。"

在我看来，苏东坡对待人生困顿的根本性态度和方式是"从突破到突围"。他从青少时代到中年时代，始终致力于济国安邦、经世济民、奉献社会，但他最后发现都行不通、办不到，于是感叹"君门深九重，坟墓在万里"。他一度主动申请离开京城，外放到地方，其动因之一，便是离开宵小之辈。他深感木秀于林风必摧之的哲理，越有才越倒霉，敢提意见的结果是被人狠狠修理，而他有一肚子"不合时宜"。他在《洗儿》中写道："人皆养子望聪明，我被聪明误一生。惟愿孩儿愚且鲁，无灾无难到公卿。"任何人读到这首诗都能深刻感受到苏东坡对官场污浊、庸人得志、小人猖獗的恶劣生态环境的极度愤懑。他首先选择在物理空间上远离，其次便是在精神世界上远离，与庸人、俗人、小人划清界限，保持自己的高洁之志和超逸之品。

苏东坡平生功业

苏东坡在《自题金山画像》中写道："心似已灰之木，身如不系之舟。问汝平生功业，黄州惠州儋州。"他一贬再贬，一放再放，看透了官场的污浊和名利的虚无，对于身外之物，早已达到"不动心"的境地。黄州、惠州、儋州，是他一贬再贬的三个地方。有人说他通透、旷达、看得开，也有人说他幽默，居然把这些倒霉的贬谪地的生活，当成自己平生的功业。我不这样认为，相反我认为这表明他看问题看得很深、很透。

黄州是他被贬的第一站。在黄州时，苏东坡取得了伟大的文学成就，其中最著名的就是大家熟悉的千古名篇《念奴娇·赤壁怀古》。黄州之后，苏东坡认为，惠州是能够展现自己平生功业的第二站。他在这里不仅表达了"不辞长作岭南人"的意愿，还与和尚道士交往，为当地百姓看病，搞水利建设等。其后，苏东坡认为儋州是能够展现自己平生功业的第三站。

在儋州，他与当地民众交往，教他们文化知识，向他们学习生活技能，与他们打成一片，建立了深厚的感情。他写过这样的诗句："海南万里真吾乡""九死南荒吾不恨"。他在这个地方一直挺立着精神自我，没有被困顿击倒，也没有"躺平摆烂"。

苏东坡作为传统的士大夫，在黄州、惠州、儋州期间，没有流传千古的政绩，也没有惊天动地的伟业，但他取得了文学事业上的伟大成就，在长期的贬谪生活中逐渐体悟到了人生的真谛，超越了世俗的名利羁绊，在精神价值上挺立了自我，完善了自身。这应当就是他平生功业的精髓所在与价值所在。

苏东坡人生哲学的现代启示

林语堂的《苏东坡传》是苏东坡研究的名著。书中对苏东坡有一个比较全面的评价，他说："苏东坡是个秉性难改的乐天派，是悲天悯人的道德家，是黎民百姓的好朋友，是新派的画家，是伟大的书法家，是酿酒的实验者，是工程师，是假道学的反对派，是瑜伽术的修炼者，是佛教徒，是士大夫，是皇帝的秘书，是饮酒成癖者，是心肠慈悲的法官，是政治上的坚持己见者，是月下漫步者，是诗人，是生性诙谐爱开玩笑的人。"林语堂是从文学家的角度来肯定苏东坡的，而我想从一个哲学工作者的角度、一个大学教授的角度、一个土生土长的眉山人的角度，来谈谈我们今天可以从苏东坡身上学到什么。

尽力而为，量立而行，顺应自然的人生态度

苏东坡的一生是尽力而为的人生，是努力的向前、向上、向善的人生。他对个人境界的提升、对社会的发展、对国家民族的报效都是尽力而为又量力而行的。宵小之辈诽谤我、污蔑我、迫害我，把我贬谪流放，使得我"致君尧舜上"的抱负不能实现，没有关系，我顺应自然，量力而行。余秋雨有一篇长文叫《苏东坡突围》。读完以后，我深受感染。很多事情不是我们努力就能办到的。如果实在办不到，应学会顺势而为。顺势

而为不是指不干了、"躺平"了，而是直面现实，总结经验，汲取教训，伺机而起。

"此心安处是吾乡"的家国情怀

这是一种很真切的家国情怀，是真正意义上的爱国主义。家国情怀的一个很重要的表现就是爱祖国的山山水水。苏东坡喜爱西湖，写道"欲把西湖比西子，淡妆浓抹总相宜"；钟情庐山，写道"横看成岭侧成峰，远近高低各不同"。文人所谓的游山玩水，本质上是他们对祖国锦绣河山的深深眷恋，这是一种传统的爱国主义情怀。无论是在故乡眉山，还是在京城汴梁、杭州、密州，以至在黄州、惠州、儋州，苏东坡都乐山乐水，始终不渝地坚持自己的人生价值观。祖国处处是家乡，家乡处处能心安。

不畏权势、不媚世俗的士人风骨

苏东坡在官场上是一个失意者，但他的文人风骨留名千古，从不为得第一、为碾压别人而不择手段。在苏东坡的人生哲学里，我们可以找到解决现代性紧张问题的路径，找到个人安身立命的精神价值，找到社会主义核心价值观的思想来源。

我曾经在《人民日报》发表过一篇文章，叫《阐旧邦以辅新命——充分吸收中华优秀传统文化的价值观滋养》。"周虽旧邦，其命维新"是《诗经》里的话，周朝是一个古老的邦国，但是它的命运是不断更新不断发展的，是生生不息的。改革开放以后，知识分子特别是人文学科的知识分子都很自觉地"阐旧邦以辅新命"。旧邦，就是中国；新命，就是实现现代化。如果我们人人都有参与进中国式现代化的文化自觉，人人都能在自己所在领域中发挥其长，都能取得丰硕的成果，都能实现自我的价值，那我们就能够做到力争上游而止于至善，就不会去"卷"别人，也不会被别人"卷"，真正做到各得其所，各安其心。

综上所述，苏东坡人生哲学的现代启示可以概括为四点：第一，它可以解决当下愈演愈烈的"内卷"问题，让"内卷"相对舒缓甚至消解；第二，它可以解决"起跑线"问题，消解恶性竞争，引导大家踏踏实实地走好每一步；第三，它对守正创新具有借鉴意义；第四，它对安顿我们的精神很有助益，但这需要我们从各自的实际出发，学习苏东坡、体悟苏东坡、读懂苏东坡。用儒家文化的话说，就是"知其不可而为之""止于至善"，而用道家文化说，就是"知其不可奈何而安之若命"，顺应自然。

东坡美食谈

——人间有味是清欢

王晋川　中国苏轼研究学会理事

北宋熙宁六年，950 多年前的冬至，苏东坡在哪里？他在干什么呢？苏东坡时年 37 岁，在杭州任通判。冬至这一天，苏东坡独自来到杭州城外一个叫吉祥寺的寺庙。吉祥寺的牡丹在杭州非常有名，但冬至时节万木萧疏，牡丹花当然也不会开，那苏东坡为什么会到吉祥寺去？或许，我们可以从苏东坡在当天写下的这首《冬至日独游吉祥寺》中去破解谜底：

> 井底微阳回未回，萧萧寒雨湿枯荄。
>
> 何人更似苏夫子，不是花时肯独来。

寒雨冰水把花木的草根都濡湿了，但苏东坡还是坚持要到吉祥寺来看花。哪有人像苏东坡这样，到无花处看花。其实，这是一种情怀，是对天地万物的悲悯之情，这也是苏东坡这首诗提供给我们的美学情趣、美学视角和美学价值。

苏东坡出生于 1037 年 1 月 8 日，1011 年 8 月 24 日病逝于常州。按照公历的算法，他活了 64 岁；按照农历的算法，他出生于 1036 年腊月十九，应该活了 65 岁；还有一种民间的算法，在娘肚子里算一岁，算虚岁的话，苏东坡活了 66 岁。不过，苏学专家一般按照农历计算。

苏东坡是北宋著名的政治家、思想家、文学家、书画家、美食家、医药家、军事家、水利专家、农机具改革专家等。可以说，北宋一些走在前沿的科学技术，包括一些创新发明，都与苏东坡有着密切的联系。

北宋疆域不大，但是就是在这样一块不大的地方，诞生了中国古代史上最伟大的科技成果和餐饮文化，而北宋餐饮文化潮流的引领者，就是苏东坡。

人间有味是清欢

苏东坡历典八州，贬谪三地，深入民间，遍尝美食。苏东坡不仅会吃，还会做，他制作的菜肴，食材易得，都是老百姓日常饮食司空见惯的东西；烹制不繁，用简单的烹制方法，粗中见细，化俗为雅，形成了独具特色的东坡味道。由于苏东坡做的菜肴好吃又易做，所以老百姓争相模仿，争相学习，逐渐形成了独具特色的"东坡味道"。所以说，苏东坡不仅是雄视百代的千古第一文人，也是引领北宋餐饮潮流的美食大家。

在中国历史上，没有谁能像苏东坡这样，留下 100 多道自己吃过、尝过、制作过的菜肴。东坡菜系，为流长源远的中华饮食文化作出了积极的贡献。今天我们要讲的东坡美食，可以从苏东坡的一首词和一句流传千古的名句去破题，那便是"人间有味是清欢"。

苏东坡在宋神宗元丰七年，也就是 1084 年 12 月 24 日，摆脱了"乌台诗案"对他的羁押、流放、监视，离开黄州前往汝州。途中经过泗州，即今天的安徽泗县，苏东坡在此受到了好友刘倩叔一家极高的礼遇，由此写下了一首《浣溪沙·细雨斜风作晓寒》：

> 细雨斜风作晓寒，淡烟疏柳媚晴滩。入淮清洛渐漫漫。
> 雪沫乳花浮午盏，蓼茸蒿笋试春盘。人间有味是清欢。

这首词的上阕写景，下阕则写主人家的热情接待，最后一句凸显主题：人间有味是清欢。

什么叫春盘？春盘相当于今天的人们去别人家做客，主人摆上水果拼盘，摆上小吃，大家一起喝茶、聊天。因为临近春节，苏东坡就把这种小吃果盘称作"春盘"。词的最后一句流传千古，经过了"乌台诗案"后，苏东坡明白了清欢才是人生最值得珍重和留恋的。因此，"人间有味是清欢"，可以算作体验东坡美食的破题之眼。

东坡美食基因源于家乡眉山

中华饮食文化的第一个高峰是秦汉，第二个高峰是唐宋，第三个高峰是明清，第四个高峰是近代和当代。我们现在正在经历的，就是中华饮食文化的第四个高峰。要了解东坡美食，就要从苏东坡说起。苏东坡一生经历了仁宗、英宗、神宗、哲宗、徽宗五朝，在八个州做过知州，曾被贬谪至黄州、惠州、儋州三地，足迹几乎踏遍了北宋疆域。苏轼所到之处，深入民间，遍尝美食，还经常自己动手烹饪。其发明的美食成为川、鲁、粤、苏、徽、浙、闽、湘八大菜系之外，唯一以人名命名的菜系——"东坡菜系"。

苏东坡出生在四川眉山，美丽富饶的川西平原和雪浪翻卷的岷江给了他最初的文化浸润和美食基因。苏东坡小时候也是"脚板印在天上"（四川话，形容调皮）的孩子。他在东山种松、西山放牛，"狂走从人觅梨栗""我卧读书牛不知"，与小伙伴一起偷过邻家的梨、打过农家的板栗。

苏东坡的母亲程夫人、乳母任夫人给了少年东坡来自眉州乡野美食的滋养，在苏东坡幼小心灵中埋下美食的种子。以至于他自33岁离开眉山后，仍然念念不忘家乡的美味。

且看苏东坡的《春菜》一诗：

> 蔓菁宿根已生叶，韭芽戴土拳如蕨。
>
> 烂烝香荠白鱼肥，碎点青蒿凉饼滑。
>
> 宿酒初消春睡起，细履幽畦掇芳辣。
>
> 茵陈甘菊不负渠，绘缕堆盘纤手抹。
>
> 北方苦寒今未已，雪底波棱如铁甲。
>
> 岂如吾蜀富冬蔬，霜叶露牙寒更茁。
>
> 久抛菘葛犹细事，苦笋江豚那忍说。
>
> 明年投劾径须归，莫待齿摇并发脱。

这首诗的前八句是写四川温润的气候、蔬菜瓜果的丰盛，后面写北方寒冷的环境。北方苦寒，怎能与我蜀地丰富的冬蔬相比呢？即使在霜雪寒冷的气候下，四川蔬菜的根芽也能茁壮地成长。他甚至想辞职，回家乡眉山品尝美食。

苏东坡回忆家乡的美味不只蔬菜，还有"想见青衣江畔路，白鱼紫笋不论钱"。所谓青衣江，不是发源于夹金山的青衣江，而是指眉山往下到青神，过小三峡，到乐山关庙的这一段岷江。苏东坡想起当年他娶亲、回乡、丁忧的时候，和家人经常到青神去，白鱼和紫笋在江边随处可见。紫笋不是紫色的笋子，而是紫笋茶，是一种茶叶。由此可见，家乡的美食对苏东坡影响极深，苏东坡创制的菜肴，离不开家乡对他的抚育和家乡美食的滋养。

苏东坡刚被贬谪到黄州的时候，情绪非常低沉。因为"乌台诗案"，他从湖州被抓到开封御史台，被关押一段时间后，贬到了黄州。后来苏东坡的生活好了一点，心情也不那么抑郁了，开始想美食、写美诗了。

"长江绕郭知鱼美，好竹连山觉笋香。"这是他初到黄州写的一首诗。黄州在长江边上，江中的鱼是很肥美的，肯定好吃；到了春天春笋一生，就可以烧竹笋吃了。可见，苏东坡是一个爱吃竹笋的老饕。他在黄州躬耕东坡，想起了家乡眉山的乡野美味——巢菜。巢菜用眉山土话说，叫苕尖。它不是红苕尖，而是一种肥田草，苏东坡曾专门写诗来赞扬巢菜："彼美君家菜，铺田绿茸茸。豆荚圆且小，槐芽细而丰。"

想吃巢菜了怎么办？苏东坡想到了他的老乡巢谷。苏东坡让巢谷回到眉山后，把种子寄到黄州。收到种子后，苏东坡将其播种在东坡之上，从此黄州就有了巢菜。

在黄州"炖猪肉"

苏东坡在黄州经常炖猪肉。猪肉在宋代其实很不受待见，王公贵胄都是吃牛羊肉，普通老百姓才吃猪肉，所以猪肉价格很便宜。为什么会出现这种情况呢？

澶渊之盟以后，辽国的牛羊大量进入中原。但是由于宋朝把牛作为劳动工具，不准轻易杀牛，所以更多的是吃羊肉。宋代宫廷有规定，"饮食不贵异味，御厨止用羊肉"，御厨做菜都只用羊肉。据相关史料记载，宋真宗时期，御厨每天要宰 350 只羊，才够供应前朝和后宫。到了宋仁宗时期，虽然历行节俭，但每天仍然要杀 280 只羊；到了宋神宗时期，因为推行新法，朝廷除了羊肉，也用一些猪肉，但每年御厨烹饪的羊肉总量为 434463 斤零 4 两，而猪肉却只用了 4131 斤。可见，当时人们的饮食习惯，更多的还是吃羊肉。

在宋朝民间，上等人家吃牛羊肉，中等人家吃鸡鸭鱼肉，下等人家就只能吃"贱如泥土"的猪肉。而猪肉之所以不受待见，也和当时不太成熟的阉割技术有关、劁猪技术到了明代才普及开来，所以宋代的猪肉等同于野猪肉，皮糙肉厚，肉质发柴，一股骚臭味，非常难吃。在这样的背景下，东坡炖肉应运而生。苏东坡采用家乡眉山的炖肉法，用小火慢炖，既能让肉软香，也能在炖的过程中去掉猪肉的臊气。

那么具体是怎么做的呢？苏东坡在《猪肉颂》里有详细的记载：

净洗铛，少著水，柴头罨烟焰不起。待他自熟莫催他，火候足时他自美。

黄州好猪肉，价贱如泥土。贵者不肯吃，贫者不解煮，早晨起来打两碗，饱得自家君莫管。

翻译成白话的意思就是：洗干净锅，放少许水，燃上柴草，控制火势，用不冒火苗的炭火来煨炖。等待它自己慢慢地熟，火候足了，味道自然鲜美。黄州有这样好的猪肉，价钱却贱得像泥土一样；富贵人家不肯吃，贫穷人家又不会煮。等到肉炖好了，早上起来打上两碗，自己先吃饱了再说。

宋代盛行过午不食，早上九十点钟吃第一顿早餐，下午三四点钟再吃第二顿中餐，晚上就不吃饭了，最多喝点小酒，吃些点心。这样的饮食习惯现在很多人都在学习，一天只吃两顿，晚上随便垫一垫就行了，据说有益肠胃，食疗养生。

苏东坡做出的猪肉不仅没有臊味，还十分好吃，既为自己艰难困顿的流放生活增添了几丝油气，涂上了一抹亮色，也为黄州的美食文化作出了积极贡献。后来，在东坡肉的基础上，民间还衍生出了东坡肘子等菜肴。

其实，东坡肉就是炖猪肉，是眉山的一道乡间菜。古蜀先民很早就把六畜列入了饲养的范围，金沙遗址出土的数千枚野猪獠牙、东汉崖墓出土的土陶泥猪都可以佐证。此外，在眉山出土的宋代汉墓中，有彩釉陶猪、猪圈、猪槽等。可见，我们的祖先对猪的认识是很早的。

现在风行黄州、杭州、徐州和眉山的东坡肘子、东坡肉，其实大有讲究。东坡肘子要做好，选料和制作过程都很重要。一是要选猪前肘，不要用后肘。前肘是活肉，更香软，后肘相对硬且柴。煮出来后，有根大骨头伸出来的，那就是后肘。二是煮制过程中要二次加工。第一次煮到七成熟时，要捞出来放凉，让皮收紧，逼出脂肪。第二次用蒸的方式烹饪。这样做出来的东坡肘子，肥而不腻，软而不烂，入口即化，齿舌留香。

苏东坡的美食诗歌

北宋是一个经济相对繁荣，社会相对稳定的王朝。张择端的《清明上河图》用绘画生动逼真地再现了汴京发达的餐饮盛况。孟元老则在《东京梦华录》中，用文字记录下北宋都城的餐饮繁华："集四海之珍奇，皆归市易；会寰区之异味，悉在庖厨。"

在这样的环境下，满足口腹之欲不是问题。特别是典领八州之时，苏轼作为一州最高行政长官，自有专人烹制美味供给。可苏轼岂是一般吃客老饕？他"入口皆美食，出口成文章"，与美食有关的诗文，达到了惊人的 400 多篇，比如《老饕赋》《菜羹赋》《东坡羹颂》《猪肉颂》《食豆粥颂》《煮鱼法》《蜜酒歌》，等等。

苏东坡对美食的热爱不止于老饕的口腹之欲，并不是因为爱吃而吃。网上有一种说法，说苏东坡是"超级吃货"，我个人特别反对这种说法。苏东坡不是"超级吃货"，他是被逼无奈。苏东坡制作美食是因为生活所迫，他不得不自己动手制作菜肴，并不是因为他是个"吃货"。读一读他作于黄州的《寒食雨二首》，就能感受到他心底令人惊悸的痛苦。

苏东坡是一个美食艺术家，美食的创造者，他不仅做美食、吃美食，还写美食。吃进去的是美食，吐出来的全是锦绣文章，这就是苏东坡的特色，这就是他的美食原则。苏东坡留下了 400 多篇与美食相关的诗文歌赋，反映出北宋饮食文化的多样性，为北宋文学开拓了新的创作领域，开创了活色生香的餐饮风韵。当美食和美诗碰撞，便能迸发出神奇的光彩。以下，是苏东坡所写的《与子由弟书》：

> 惠州市井寥落，然犹日杀一羊，不敢与仕者争。买时，嘱屠者买其脊骨耳。骨间亦有微肉，熟煮热漉出。不乘热出，则抱水不干。渍酒中，点薄盐炙微燋食之。终日抉剔，得铢两于肯綮之间，意甚喜之，如食蟹螯。率数日辄一食，甚觉有补。子由三年食堂庖，所食刍豢，没齿而不得骨，岂复知此味乎？戏书此纸遗之，虽戏语，实可施用也。然此说行，则众狗不悦矣。

从这篇文章中，我们能看到很多北宋惠州的饮食习俗和文化。当时的惠州因比较偏僻，一天才杀一只羊，能吃到羊肉的是极少数人。一方面，东坡自称不与"仕争"，而另一方面他的流放生活也比较困顿，没什么钱，所以只能吃羊蝎子。

其次你可以看到东坡先生的豁达，虽然吃不到羊肉，但是能啃啃骨头，也是很开心的。这和他后来到儋州吃生蚝，也有异曲同工之妙。特别好玩的是，东坡先生用"众狗不悦"来表现羊肉好吃，人把肉和骨头啃得干干净净，守候在一旁的狗都不高兴了，真是让人捧腹啊！

不只是吃羊蝎子有故事，苏东坡在凤翔的时候，"秦烹唯羊羹，陇馈有熊腊"。在密州，"新枣渐堪剥，晚瓜犹可饷"。在徐州，"归来仍脱粟，盐豉煮芹蓼"。在湖州，"客来茶罢空无有，卢橘杨梅尚带酸"。在黄州，他写下"雪芽何时动，春鸠行可脍"，这是家乡眉山的一道菜，"斑鸠炒野芹菜"，苏东坡念念不忘。在杭州，"乌菱白芡不论钱，乱系青菰裹绿盘""烹蛇啖蛙蛤，颇讶能稍稍"，这个时候他开始吃蛤蚧了。在惠州，"赤鱼白蟹箸屡下，黄柑绿橘笾常加""何以侑一樽，邻家馈蛙蛤"。

在海南儋州，苏东坡过着"食无肉，病无药，居无室，出无友，冬无炭，夏无寒泉"，多情、多感、复多病的艰难日子。在吃的方面，当地人当时吃的薰鼠、烤蝙蝠之类，苏东坡实难下咽。他的小儿子苏过就将山上的芋头煮熟后剥皮，放到锅里面用铲子压烂，加水做成羹汤。苏过将这个羹汤叫作"玉糁羹"。玉糁羹很美味，苏东坡连吃两碗，摸着刚刚吃饱的肚子吟下一首诗："香似龙涎仍酽白，味如牛乳更全清。莫将南海金齑脍，轻比东坡玉糁羹。"

苏东坡的美食诗，充分展示了北宋不同阶层的饮食习俗，反映出北宋饮食文化的兴盛与繁荣，为北宋文学开拓了新的疆域，为东坡美食注入了活色生香的魅力。苏东坡爱吃、爱做美食，他把美诗留给了世界，把美食带到了人间，形成了独具魅力的东坡菜系。

东坡菜系的特色

如果没有贬谪经历，或许就没有东坡创造出的"东坡菜系"。苏东坡是"生在宋朝，活在当代"的生活大师。东坡菜系概括起来有五大特色。

一是在食材的选用上，东坡菜系以肉、鱼、蔬菜为主。苏东坡喜食肉，又好自煮鱼，蔬食有过于八珍。这些食材便宜，而且易得，常见于百姓的餐桌。所以苏东坡做出来的菜，不胫而走，迅速流传到了民间，广受欢迎，老百姓都争着学、抢着做。

二是在制作的技艺和方法上，东坡菜系讲究刀工与火候。刀工要依据原材料的品质、大小，切成粗细厚薄不等的样式。他在《老饕赋》中写道："庖丁鼓刀，易牙烹熬。"此外，要严格掌握火候，"水初耗而釜泣，火增壮而力均"。炖肉的时候，要求"柴头罨烟焰不起"，以达到"火候足时他自美"的效果。东坡创造了"火候"的概念，而"火候"迄今为止都是餐饮界评判厨师厨艺的标准。

三是在原料的配制上，注意一料为主，多料配菜。苏东坡特别注重菜肴制作时的每一个环节，各个步骤一定要到位。比如"水欲新而釜欲洁，火恶陈而薪恶劳"，一定要把锅具洗干净，烹调用的水要新鲜，柴火要劈细。又比如"九蒸暴而日燥，百上下而汤鏖"，有的食物要经过多次蒸煮后再用，有的则要在锅中慢慢地文火煎熬。而对于蛤蜊等海鲜，就要"蛤半熟而含酒，蟹微生而带糟"，蛤蜊半熟时加入黄酒、料酒，蟹则要和着酒糟蒸。江浙一带做糟虾糟蟹就是这种做法。这些制作方法，都是苏东坡从烹饪的实践中总结出来的经验。

四是在味型的调配上，东坡菜系注重味正、味醇、鲜口、适口，讲究酥、烂、嫩、甜、脆、鲜、香，追求自然之味，味外之美，食之妙不可言。苏东坡是一个热情的美食爱好者，所以每吃一种食物，他都觉得是天底下最好吃的东西。由于受到家乡菜肴的影响，苏东坡更喜欢甘、咸、芳、滑、辣的口感，这也是川菜的基本味型。现代川菜共有 24 种味型，现在还在不断地增添味型。苏东坡开辟的味型，为现代川菜奠定了基础。

　　五是在营养功能上，东坡菜系追求营养丰富，讲究食疗养生，以达到推陈出新，利膈益胃的效果。苏东坡提倡节制饮食，一曰安分以养福，二曰宽胃以养气，三曰省费以养财。在传诸后世的《苏沈内翰良方》中，就有不少养生保健食疗的记载，至今仍是食疗养生的宝典。

东坡菜系，每道菜都有传说

　　除了以上特点，东坡美食总是伴随着美好的传说与故事。苏东坡是一位无与伦比的生活大师，他生在宋朝，却活在当下，每一种菜肴，总有诗词故事相伴，人们在品尝东坡美食的时候，总能吟唱苏东坡的一两首诗词，总能讲出一两个东坡的故事，这对于东坡美食的推广起到了推波助澜的作用。比如"东坡肉""东坡鱼""羊蝎子"，比如"冒死吃河豚""错著水""为甚酥"，等等。最为人们津津乐道的是苏东坡在海南为卖馓子的老婆婆写的广告诗——《戏咏馓子赠邻妪》：

　　　　纤手搓来玉色匀，碧油煎出嫩黄深。
　　　　夜来春睡知轻重，压匾佳人缠臂金。

　　我想给大家讲讲"东坡肘子"的故事。"东坡肘子"这道菜名的出现还不到百年，过去是没有东坡肘子的，最早是东坡肉。而东坡肉是苏东坡因"乌台诗案"被贬到黄州后才开始制作的。

　　苏东坡刚到黄州时，虽任团练副使，但没有职务，只是一个寄禄官的头衔。那他每月的工资来源是什么？是官府里面卖掉酒之后剩下的酒囊。苏东坡把酒囊收集起来卖废品，这个钱就是苏东坡每月的薪资。如酒囊多就多得几文，酒囊少就少得几文。在这么艰苦的情况下，苏东坡全家将近二十口人根本没法生活。而且之前，苏东坡在其他三个地方当知州，"随手辄尽"，挣的钱都捐给了有困难的门生和贫穷百姓。

到了黄州，夫人王闰之一盘查，发现每天只能用 150 文钱，即使这样，手中的钱财也只够用一年多一点的时间。没办法，苏东坡只能将每个月的 4500 个小钱串成 30 串，挂到房梁上，每天取一串下来，交给王闰之和王朝云去置办当天的生活。

前面讲过，在这样拮据的情况下，苏东坡发现黄州的猪肉很好，但由于当地人不知道怎么做，没人吃，因此价格非常便宜。苏东坡知道家乡炖猪肉的方法，可以解决猪肉又硬又臊的问题，便开始制作"东坡肉"。在苏东坡的影响下，黄州的老百姓学会了这道菜，并将其称为"东坡肉"。

后来，苏东坡到杭州任太守的时候，疏浚西湖，修筑苏堤，为杭州的老百姓解决了水患，当地老百姓非常感恩，每当过节的时候，就抬着猪肉送到苏东坡府上去。苏东坡把这些猪肉切成小块，煮熟，按照眉山的做法，调好调料，浇上醮酱。那个时候没有辣椒，苏东坡就将茱萸捣成末，来增加辣味。猪肉做好后，苏东坡分发给老百姓，家家户户吃了都说好。于是，杭州也流行开了"东坡肉"。

关于"东坡肉"的来历还有一个说法。苏东坡路过江西永修时，给当地一个农夫的儿子看病，这个病人吃了药很快就好了。农夫非常感谢苏东坡，就到街上去买肉，用草绳穿起来提回家，煮给苏东坡吃。农夫一回到家就开始煮肉。苏东坡正好在他的屋后，看着满田满坝的稻谷丰收了，于是随口吟了一句诗，"禾草珍珠透心香"，赞美谷子快要成熟了，秋风吹来，阳光下飘散着浓郁的稻香。张罗着煮肉的农夫没听清楚，把这句诗听成了"和草整煮透心香"，以为苏东坡让他不要把提肉的草绳解下来，直接把肉洗一下，和草绳一块煮，结果煮出来的肉有一股稻草的香味，特别好吃。据了解，今天的江西永修还保留着这个方法。

那么，"东坡肘子"又是怎么来的呢？话说，1943 年抗日战争时期，四川大学中文系的几位学生在成都开了个餐厅。他们根据汉朝班固的一句话，"委命供己，味道之腴"，给餐厅取了个名字，叫"味之腴"，并且模仿苏东坡的笔迹写下这三个字，作为招牌。

"味之腴"卖的主菜是什么，就是"东坡肘子"。他们曾经在成都附近的温江吃过炖蹄膀，觉得特别好吃，就想着把苏东坡的大名和这道菜联系起来。餐厅开业后，"东坡肘子"的名声一下子就在成都打响了，生意出奇地好。

在苏东坡的故乡眉山，有三种"东坡肘子"的做法。第一种做法，选猪前髈放入汤锅煮熟，捞出剔骨，下入原汤，加雪山大豆、葱节及烧酒，微火焖煮三小时。吃的时候加盐，配蘸料。这个就叫"灌汤东坡肘子"。第二种做法，将肘子煮到七分熟捞出沥干，猪油烧开，放入肘子，把皮面炸成金黄色，另用炸蛋、菜心、笋片，加酱油、葱姜、大料、高汤烧开后，勾芡加盐、味精浇在肘子上。这个叫"焦皮东坡肘子"。第三种做法，把肘子煮至七分熟，这是第一次脱脂。摊凉让猪皮收缩，把皮下脂肪挤出来，这是第二次脱脂。然后放到笼屉上蒸20分钟，经过三次脱脂以后，用20多种辅料炒汁浇在肘子上。这是最正宗的"东坡肘子"，肥而不腻、软而不烂，入口留香，故而非常受人们喜爱。

最后，我想把我写的一首诗献给大家，这首诗的名字叫《东坡鱼》：

东坡先生唱罢大江东去
便将那条巨口细鳞的鲈鱼
捉进《后赤壁赋》的夜色中
舀一瓢江上的清风
煮出山高月小的意境

待到鱼汤熬得酽白浓香
款款放入《念奴娇》的曲牌
《临江仙》的平仄
《卜算子》的韵脚
装进渔家傲的食盆

酒是一定要有的
那是闰之夫人备下的义樽
否则无法吟风弄月
于是乎　一箸鱼肉一口酒

先生渐渐醉入心旷神怡

谁在江上弄箫声
唤醒孤鹤南飞
大千世界　先生莫非也是一条鱼
待游回临皋亭的家门
只见月光如水　疏影横陈

苏东坡和他的「朋友圈」

刘墨　文化学者

对我个人而言，对历史人物进行研究，也必须让现实中的人能够从中获益，就像让一缕阳光洒进幽暗的房间一样。如果不能从前人身上获得一种力量、一种滋养、一种启示，那可真会徒成消耗。

在中国古代作家中，有关苏东坡的史料，是保存得最为完整也最为丰富的，远远超过李白、杜甫，更不用说与他同时代的人了。即使在那个时代比他还要重要的人物，被后人提及的频率也过远不如他，这可真是一件意味深长的事情。

每当我夜深人静沉浸在与苏东坡有关的史料中时，我始终希望苏东坡其人其事——他的身影、他的生活、他的爱好、他的喜怒、他的内心情感，以及他的艺术世界——能够在我的阅读与写作中"活"起来。

这些年来，微信上的"朋友圈"占据了人们生活中的绝大多数时间，"朋友圈"成了个人生活的展示窗口，也将一个人的经历、嗜好接近完整地呈现出来。因为人们可以在朋友圈里展示日常生活里的方方面面：父母、兄弟、姐妹、同事、朋友，通知、集会、讨论、研究、赏鉴，养生、美食、旅游、见闻、掌故……几乎没有什么不可以在朋友圈里出现。

无疑，对当代人而言，微信和微信的"朋友圈"已经成了生活的重要组成部分。那么，古人有"朋友圈"吗？

答案是有，只是与我们今人不同。

如果苏东坡也有"朋友圈"呢？

我曾经看到过一个数字，苏轼所交往过的有名有姓的人就有上千人。他的朋友五花八门：皇帝、太后、宰相、文士、诗人、官僚、和尚、道士、歌女、厨师、画家、街头邻居，甚至妖狐鬼怪……

就像他自己说的："吾上可陪玉皇大帝，下可以陪卑田院乞儿，眼前见天下无一个不好人。"整个天下，到处都是他各式各样、各行各业的朋友——有的是正人君子，有的是邪曲小人，有的是生死之交，有的是匆匆一面，有的是始终不渝者，也有前善后恶者。

让我奇怪的是，在嘉祐二年（1057）的同榜进士中，有的与他共进退，施以援手，而有的却坚决想置他于死地。他本人，则在现实的谷底和理想的云端上下往复。

在我年轻的时候，每年除夕晚上都会做一个很特别的梦。1996 年那个除夕的晚上，我梦见了和苏东坡下围棋。第二天醒来后，我就在想，其实苏东坡的棋艺是很差的，所以他也不太愿意和别人去竞赛，这也对应了苏东坡的那句名言"胜故欣然，败亦可喜"。

由此，我认为，苏东坡实际上离大众并不远，他只是比我们大了 900多岁。如果我们在他生活的年代，他就离我们特别近了，就好像是我们身边会见到的人一样。

在大众的印象里面，苏东坡是豁达的，是洒脱的，是淡然的。而我在第一次讲苏东坡的时候，讲的是苏东坡的焦虑。他有没有焦虑呢？想没想过自杀呢？是不是和我们平常人一样，牙齿会痛，肩膀会疼？有时候疼得写不出字，会不会喝酒喝到讲四川话？每当大众用这种眼光来看待苏东坡，就会发现他是活的。

我先是学文艺学，然后学历史学。在我看来，历史学会把一个人物或者一个事件客观化、客体化，只有把它客观化、客体化，才可以进行科学研究。

但是我一点都不希望苏东坡只是我笔下一个客观的标本或概念，他是一个活的人，是一个可以和我对话的人。我在阅读中随便读到他的一篇文章、一首诗、一首词，或者走到任何一个与他有关的地方，就能感知到他和我们的生命是相连的，和我们的情感是相通的。他的忧虑、痛苦、喜悦，也是我们经常能够体会到的情绪状态。

我为什么会讲"苏东坡与他的'朋友圈'"这个题目？现在大家都离不开微信，离不开"朋友圈"，喜欢把自己生活的点点滴滴，用发"朋友圈"的方式分享出来。

在中国古代的文人档案里面，或者说，在文人文献里面，内容保存最完整的，就是苏东坡。你不仅能知道，他是哪一年哪一月哪一日哪个时刻出生的，甚至还可以查到他在何时何处见了何人。

林语堂的《苏东坡传》，这是一位当代作家与一位古代作家心灵和情感上的沟通。它不仅要展现苏东坡的一生，而且要表达一个当代作家对古代作家的一种理解，或者可以说是敬意，又或者是苏东坡那种神韵的文脉相承。所以大家可以在他写的《苏东坡传》里，看见苏东坡这个人始终在舞台的中心。

同样，还有一本书也值得向大家推荐，就是李一冰写的《苏东坡新传》。李一冰在写《苏东坡新传》时，处于一个比较特殊的环境中，他在监狱里边完成了写作。所以对苏东坡"乌台诗案"那一段，李一冰有着特殊的感受。

可以说，在《苏东坡传》中，你能看到，苏东坡遭遇的所有倒霉的事情，在林语堂的笔下，都变得神采飞扬。而再看李一冰写的《苏东坡新传》，笔调始终是沉郁的，他对苏东坡的困境，尤其对苏东坡那种倒霉的经历，写得尤其沉痛。所以读林语堂的《苏东坡传》会让我们有种上升的感觉，读李一冰的《苏东坡新传》就会有种让我们沉下去的感觉。

林语堂和李一冰两个人，都把苏东坡作为唯一的主角在书里展开。

至于苏东坡一生当中所碰到的那些比较重要的人物，也只是在某个章节才出现。我们看不见他之后还有什么样的变化。例如，苏东坡曾和一个知名度不怎么高，叫马正卿的人有过交往，正是因为有了马正卿，才有了东坡那块地，苏东坡才有了"东坡居士"这个称号。

这些人和苏东坡之间发生的事，究竟还会不会有一种更复杂或者更详细的阐述，不得而知。我们都是从其他人的角度来看苏东坡这个人。所以我就用了很大的篇幅，讲苏东坡和王安石、欧阳修、司马光等的故事，这样读者就能够从不同人的角度，窥见不同的苏东坡。

我曾经做过一个比喻，说苏东坡就像一颗钻石，有着不同的切面，只要你把这颗钻石转动一个角度，就会看到不同的光彩。在中国文人中，或许只有苏东坡才有这种丰富性。

我做过关于"苏东坡的朋友有多少"的统计，结果还挺出人意料。要知道在 900 多年前通信不发达的条件下，一封信的送达至少需要半个月，一去一回就是一个月。在这种情况下，与苏东坡交往过的朋友，有名有姓的在 1300 人以上。这个数据是个什么样的概念呢？我们可以对比一下自己的通讯录，看一看我们的微信里面有多少好友，这样你就会知道苏东坡的交友有多广泛了。

从辈分上看，苏轼的朋友，可以按照长辈、同辈、晚辈三大类划分：

——长辈，父母、张方平、欧阳修、王安石、富弼、韩琦、司马光、范镇、滕元发、陈希亮、张先、陈襄、吴复古、朱寿昌……

——同辈，兄长、姐姐、弟弟、文同、曾巩、鲜于侁、章惇、林希、杨元素、杨世昌、陈令举、李常、孙觉、李公麟、刘述、刘恕、王诜、王巩、钱穆父、刘景文、参寥子、章质夫、章衡、张怀民、孙洙、刘挚、刘贡父、范纯仁兄弟、蓝田四吕、孔家三兄弟、吕陶、陈慥、徐君猷、方子荣、米芾、佛印、巢谷……

——晚辈，儿子、苏门六君子、苏门后四学士、赵德麟、张舜民、李之仪、苏坚、姜唐佐……

苏东坡自己讲过，"吾上可陪玉皇大帝，下可以陪卑田院乞儿"，就算是一个讨饭的人，苏东坡也能和其成为好朋友。另外一个有趣的点是，苏东坡还提到过，他所见过的人都是好人。

所以当我研究完苏东坡的"朋友圈"之后，自身也发生了很大的变化，看到每个人都感觉是熟人，没有陌生人。和他们一见面就认为我们好像在哪里见过，我们一定是朋友，或者说我们上辈子见过——如果有上辈子的话，甚至可能上上辈子也见过。以前看见不喜欢的人，或者看见不感兴趣的人，脸色也不会好看，更不想说话。现在这种情况不存在了，我都会主动去打招呼，也主动示好交流。

在我研究苏东坡的过程中，有一个特别深刻的感受，我发现苏东坡身上有一点，旁人很难学会，就是他的心里没有任何的阴暗面。从现实情况来说，做到这一点是很难的，一个人要是心里没有阴暗面，那简直是不可思议的事情。

同时，我也总结出苏东坡的为人是什么样的。他不羡慕、不嫉妒、不巴结，同时也不改变、不动摇，这是他人格的构成，心里有着无限的光明，也不会因为别人而改变自己。所以从这一点上来讲，我觉得在研究苏东坡"朋友圈"这个过程中，在分析他与司马光、欧阳修、王安石以及他与晚辈之间的交往时，会发现苏东坡这个人既讨人喜欢又不讨人喜欢。

苏东坡是一个典型的姥姥不疼、舅舅不爱，可是普天之下人人都爱慕他的人。我们对苏东坡这样的历史人物进行研究，首先要明白，他不是一个抽象的概念，也不是一个无感情的标本，我们对他的研究更像是在幽暗的房间里面打开一扇窗，让光进来，也让他自己亮起来。

在研究苏东坡的时候，我们除了能看到一个"人间有味是清欢"的苏东坡，还看到日夜奋战在抗洪前线的苏东坡，看到一个因旱灾蝗灾使百姓流离失所而不断给朝廷上书请求赦免、救济百姓的苏东坡，看到一个因熟悉水利而疏浚湖泊、筑堤修桥的苏东坡……也正因为有这些事件，才会有林语堂所看到的苏东坡："他的肉身难免要死去，但是他来生会变成天空的星辰，地上的雨水，照耀、滋润、支持所有的生命。"也正因为有了这样的历史性借鉴，同样的事件再次发生在平凡的世界时，才不再是乏味的一幕。

所以我们在读苏东坡的时候，更多是得到一种启示，一种觉悟，一种慧性。我想，这些才是我们能从苏东坡身上得到的最大的养分。

非常有意思的是，在苏东坡那个时代，有本事的人特别多，写诗写得好的、文章写得好的、词写得好的、画画得好的人不计其数。可是往往是因为苏东坡提到了这个人，我们才会重新去发现这个人。

还有一点就是，可能我们太爱苏东坡，所以凡是对苏东坡不好的，我们都觉得是坏人，甚至是我们的敌人。后来，我自己也修正了这种看法，对苏东坡不好的，不一定是坏人，也不一定是我们的敌人，他们之间的恩怨究竟如何，需要我们另外去评价。

比如说苏东坡和章惇，本来两个人关系特别好，可是后来却成为下半生的死敌。章惇是苏东坡的敌人，而且也入了宋史的《奸臣传》，那他在一定程度上就是个地地道道的坏人。但是他在政治上的成就，显然比苏东坡要大很多。坦白来讲，在北宋政治、经济、军事等方面所取得的成就，苏东坡远不如他。

苏东坡是一个文艺天才，章惇是一个政治天才，这是两种类型。苏东坡是偏于文艺和情感的，所以我们对苏东坡的爱，是出自我们的情感。我们不喜欢章惇，或许仅仅是因为他是苏东坡的敌人。

常常会有人问我，章惇和苏东坡为什么会成为敌人？我想，大概就是在 1085 年到 1086 年这段时间，章惇被贬，苏辙上了很多的奏章，请求一定要把章惇贬出京城。这个时候，苏东坡给章惇写了一封信，叫《归安丘园帖》，这封信现在也被留了下来，大概的意思就是说，我们两人老早就有归隐的梦想，你不过是比我早早实现了归隐的梦想而已。

可以想见，这种信让章惇这么一个心高气傲的人看到，怎么可能咽得下这口气呢？我个人觉得，他们两个人的梁子就是这么结下来的，所以后来只要有机会，章惇就一定会把苏东坡置于死地，把他贬到定州、英州、惠州、儋州，这都是章惇操纵的。

当1101年苏东坡要北归时，章惇被贬往广东。章惇的儿子章援，是苏东坡的学生，并且是那一年的状元。章援为了救自己父亲，就给苏东坡写了一封信，大概意思是说，我父亲现在也被贬往广东，我和你十几年没通过一封信，这是学生的不对，等等。苏东坡立刻回了一封信过去，这封信也在林语堂的《苏东坡传》里，成为一封有着伟大人文主义精神的回信。苏东坡给章援回信说，我和你父亲本来关系就特别好，只是中间可能有了一点点误会，才导致现在这个情况。广东那个地方的生活没有你想象中的那么艰难，你让你父亲多带一点药。苏东坡甚至将药名也写在了上面。他还说，如果章父吃不了的话，也可以分给当地人服用。

苏东坡并没有因为章惇陷害他而产生怨恨，这封信写得没有任何锋芒，而且他还把章援的信给自己的儿子看，说你看人家的信写得多好，你们都要好好学一学。苏东坡这种体谅、原谅、宽怀，是非常可贵的。他对晚辈，尤其对自己学生的这种爱，也值得我们学习。

曾经有人问过我，如果用现代的概念，应该如何来界定苏东坡？

如果说王安石是一个激进主义者，那么司马光就是一个保守主义者。在王安石的眼中，只要是阻挡新法推行的都需要被改变。但是在司马光看来，在没有找到更好的方法之前，或者说对这个方法没有十足的把握之前，任何东西是不能动的，他认为变化的结果可能往往不如以前。一个激进主义者，一个保守主义者，他们两个人所发生的这种激烈冲撞，可以想象它的剧烈程度。在那个时代的政坛，在激进和保守之间进行了一次又一次冲撞，犹如一场场地震。

在这种背景下，我认为苏东坡是一个自由主义者。这个自由主义者不是我们平常所想象的，或者说是我们通常所认为的没有原则的、浪漫的、不受约束的人，而是说苏东坡将他的原则牢牢放在百姓的身上。百姓的感受如何，这对苏东坡而言至关重要。所以说，苏东坡和王安石发生冲突那是肯定的，他后来和司马光发生冲突也是必然的，正是因为他的这种原则是不可以被改变、不能被动摇的。

要问我在研究苏东坡的过程中有没有发现他的缺点，我想没有人是完美的。就比如苏东坡喜欢给别人取外号，不管对方是不是长辈，他都喜欢说笑话。正是因为他幽默、智慧、反应快，所以他会在无意中触碰到别人的痛点，尤其是当他把一个人的弱点用来进行讽刺的时候。

在现实生活中我也是一个爱开玩笑的人，基于此，我也会时常提醒自己，我们不能把刻薄当幽默，不能把粗鲁当率真，这个尺度把握好了是幽默，别人会和你一样开心地笑，把握不好就是刻薄，别人也会因此对你怀恨在心。

苏东坡养生也有很多怪招，但是他自己用的时候就坚持不下去。他和朋友在一块，会酿造各种酒，其中有一种叫作蜜酒。在这一点上，苏东坡是不守规矩的，比如说明书给了 10 条流程，他大概看了 3 条之后，就觉得后面的 7 条不用看了。他图省事、求速度，在酿造蜜酒的过程中，他一会儿就去尝一下，一会儿又想缩短一点儿进程，最后弄出来给大家喝，导致大家都闹了肚子。

苏东坡发明了很多东西，当然他也失败了很多次。很多发明的成功或失败并不重要，重要的是，这些经历对于苏东坡这个人的影响。比如，苏东坡在海南的时候，遇到了一个叫潘衡的人。此人善于制墨，也非常善于琢磨。苏东坡本就爱墨，在当时海南那样的蛮荒之地，他正苦于没有好笔好墨。于是，两人很快一拍即合，一起商量起制墨大计。

当时海南岛上有很多松树，苏东坡提议将松树的枝干在灶中点着之后，在烟囱上放置一盖子，用以集取烟灰。最后把熏黑的盖子上的烟灰一点点取下来，再用一些胶把灰黏合在一起，就制成了松烟墨。在苏东坡弄好制墨流程之后，他们几个人便睡觉去了，没想到半夜着了火，把房子也烧了。此外，墨里面要放很多附加的东西，因为苏东坡没有添加，所以最终制作出来的墨也不好用。可潘衡这个人很聪明，他后来再卖墨就打着苏东坡的旗号，自称曾为苏东坡在海南制墨，得到他秘传的制墨之法，叫"东坡海南制墨法"，墨卖得非常好，供不应求。

关于苏东坡交朋友的过程，我一直在想这样一个问题：我们知道苏东坡是眉山人，那如果他是东北人，或者是河南人、山东人，又会是怎样一种性格呢？又或者是会长成什么样呢？

我想，苏东坡一定是长了一张几乎人见人爱的脸，这张脸不仅能够迅拉近彼此的距离，还会让别人对它产生一种崇拜和爱慕之感。

苏东坡一定有着特殊的亲和力、吸引力。比如，他有一个幕僚叫李之仪，也就是我们熟知的《卜算子·我住长江头》的作者。李之仪的夫人叫胡淑修，是一位数学家，这在女子里面是很少见的。连苏东坡的政敌沈括在遇到数学问题时，都要来向胡淑修请教。

有一次，胡淑修对李之仪说："总听你说苏东坡，你能不能把他请家里来，你俩聊天，我就听一听。"那个年代，注重男女之别的社会风气愈发浓厚，胡淑修能提出这样的要求，可见对苏东坡是非常好奇的。

为满足胡淑修的好奇心，李之仪真把苏东坡请到家里来聊天，让她就坐在后面听着。等把苏东坡送走之后，胡淑修对李之仪说，自己已经成为苏东坡的"粉丝"了，而且是"铁粉"。

后来，当苏东坡被贬出朝的时候，很多人因为和苏东坡关系好而被戴上牌子游街。胡淑修当时却说，有女的吗？如果没有的话，可以算她一个，给她也做个牌子。胡淑修对苏东坡的情谊，在一定程度上来说，也是相当了不起的。

我们可以看到，苏东坡走到任何一个地方，都会有很多人来围观他、亲近他，尤其是他从海南回来的路途中，每天大概有几百人乃至上千人在江两岸围观他。当他到庐山的时候，也就是 1101 年四月，甚至有人自带干粮一路追他，追了几百里地。

如此受人追捧的苏东坡，有没有被拒绝过呢？其实也是有的。他唯一一次被拒绝，是因为两个道士。有人和这两个道士说，苏东坡想要来看看他们，那两个道士却说："我们已经 30 年不见士大夫。"于是，他们避而不见。苏东坡被拒绝了也没觉得尴尬，说："毕竟是修道之人。"这一段，大概是我在历史文献里唯一能找到的苏东坡被拒绝的记录。

我之前写的《苏东坡的朋友圈》一书里面，主要就是写他和那些大人物的关系。我最近又新写了一本，主要写的是苏东坡和小人物的关系。如果说苏东坡和那些大人物的交往更多是建立在儒释道三个方面的思想上，那他和小人物之间的点点滴滴，反倒更真实地反映了苏东坡的性格。

在我看来，黄州不仅仅是苏东坡个人的觉悟，也是中国文人的集体自觉。因为经历了黄州之后，苏东坡从一个臣变成了人，这个转变是特别重要的。

每个人可能都要有一种社会学的身份，比如教授、记者、官员、商人、农民，而身份被固定之后，就不太容易改变。苏东坡经历的这个巨大改变，具体体现在，他从每天想着国家大事突然变为一个什么也不用想的闲人。苏东坡突然发现，在现实里面，自己成为一个闲人。他被贬到黄州之后，几乎什么都没有了。

可以想见，这么一个意气风发的人，突然间遭受这样毁灭性的打击，整个人会发生多么大的变化。苏东坡白天不爱出门，在家睡觉，或者自己到江边跟小孩子一起打水漂。你能想象一个 40 多岁的男人跑到江边和孩子一块儿打水漂，或者是拿一点糖果哄那些小孩去帮他捞好看的石头吗？

苏东坡白天不愿意见人，晚上却特别精神，就得出去溜达。你会发现，从那之后，苏东坡最好的文章都是晚上写出来的。

生命的短暂和痛苦，到了苏东坡这儿，可以被转化、被升华。他不再沉浸在那些痛苦不堪的情绪里不能自拔，他在这个过程中谋求化解的方式，从而让自己的身心得到一种安顿。这些经历对苏东坡个人有很大的益处，至少让他之后写诗、画画的寿命变长了。

当然，我们从现在的角度来看，苏东坡活得也不算太长，只活了66 岁。但在苏东坡之前，长寿的诗人并不多。正是因为他有了一种把痛苦转为人生智慧的能力，他才能在磨难中逐渐升华、逐渐看淡、逐渐摆脱。

当然，这一切也离不开他和朋友们经常一起探讨生命的真谛，探讨养生的方法，在开玩笑中得到快乐。

到了黄州之后的苏东坡，有个非常大的变化——他变得不太爱读书了。曾经有人说，苏东坡在京城的时候，不管从外面回来得多晚，他都是要看书的，都会把该看的书补上。但是到了黄州之后，苏东坡就喜欢找人聊天，尤其喜欢找人讲鬼故事。我们可以通过很多文献记载，窥见苏东坡的那种随性、释然、洒脱，这是不停经历挫折，又在挫折之后寻找再生的力量。

我曾经提出一个问题：当现实把你的生存空间压迫到无以复加的时

候，你是否还有足够的内在力量，打开一个内在的生命空间，重新把这个空间支撑开来，并在这里面寻得自由、寻得安顿、寻得生命的归宿？我想，这一点才是苏东坡给我们最大的启示。现实总是不如意的，总会让我们觉得左右为难，但如果能找到自己心灵的自由空间，我们就是自由的。

东坡『过岭』：
代际命运与个体选择

赵冬梅　北京大学历史学系教授

我对苏轼的研究与写作，是从岭南开始的。因为我当时人在岭南，有那么一个特殊的机缘，所以就从惠州开始看东坡。我们知道，苏轼在自述的时候，其实有一个自我调侃的说法："心似已灰之木，身如不系之舟。问汝平生功业，黄州惠州儋州。"黄州、惠州、儋州，皆苏轼的贬谪之所。

　　我认为，苏轼讲这句话的时候，不能称之为自我解嘲，而应是他的自我认同。如果我们认为这是苏轼的自我解嘲，那说明他仍然认为被贬谪是倒霉的，既然倒霉了，也就只好认了。但我以为，苏轼历经黄州、惠州以后，活出来的人生境界早已超越了仕途的顺与不顺。

　　在东坡的贬谪生涯当中，惠州的特别之处在于，被贬到此地，就过了南岭，到了两广地区。我们今天会觉得，珠江三角洲地区是改革开放以来中国经济最发达的地区，到现在为止也是中国经济发展最强劲的地区之一。但在一千年前的宋朝，岭南地区其实是荒蛮之地，在宋朝这样一个标榜不杀大臣的封建王朝，过岭就是对宰相大臣最严厉的惩罚。

　　宋哲宗绍圣元年，也就是 1094 年 10 月 2 日，东坡抵达惠州，这一年他 59 岁。他在《到惠州谢表》里，首先感谢了皇帝，说别人要置他于死地，但是幸好陛下"仁圣曲全""尚荷宽恩，止投荒服"。但是在最后，我们可以看到他说：

　　　　臣敢不服膺严训，托命至仁，洗心自新，没齿无怨。但以瘴疠之地，魑魅为邻；衰疾交攻，无复首丘之望。精诚未泯，空馀结草之忠。

　　像这样"敢不服膺严训，托命至仁，洗心自新，没齿无怨"以及"精诚未泯，空馀结草之忠"，是他作为一个臣子，站在他的立场上，向他的皇帝所做的表白。而"瘴疠之地，魑魅为邻；衰疾交攻，无复首丘之望"则是那个时代的人，对于岭南之地的判断。

在宋朝人的心目当中，岭南是个什么地方？是一个瘴疠之地，流行病很多，非常不适合北方人居住的地方，北方人到那里都是九死一生。苏轼抵达惠州的时候已经是个老人了，他也在向皇帝表达：也许我无法再回到故乡了。

过岭是宋朝对于大臣最严厉的惩罚。两宋时期，将大臣大规模贬谪岭南，大致有以下几个高峰：太宗朝，因皇位继承疑云，卢多逊、弥德超等人被流放岭南；真宗朝，寇准、丁谓相继被贬岭南；此后仁、英、神三朝，六十多年间，被贬岭南者寥寥无几，但到了哲宗朝，由于政治反复，新党、旧党互相攻击，被贬者轮番过岭。

轮番过岭的发生，本身就说明政治斗争其实到了一个白热化的阶段，大家已经不太考量政治上的成本，某种程度上来讲，考虑的只是报复，是快意。

我认为，这个时候北宋政治已经出现恶性分裂。所谓恶性分裂，就是指士大夫群体分裂成利益集团，集团利益超越国家利益，成为影响个人与群体政治选择的决定性因素。集团之间党同伐异，互相攻击，甚至水火不容，你死我活。过岭就是一个很突出的表现：对于对立政治派别当中的领袖人物，直接把他们贬到最荒凉的地方去。

东坡在这个时候过岭了，我们现在回头看，过岭其实是东坡的代际命运所决定的。我简单将 960 年至 1127 年的北宋政治人物分成五个代际，是从零代到四代的五个代际。

零代，就是开国一代，是赵普这一代。

宋一代，就是寇准这一代，这个时候是中国进入科举社会的时代。

宋二代就是范仲淹、富弼、欧阳修这一代。这一时期也就是仁宗朝，创造了帝制时期儒家政治的最好成绩。这个时期的士大夫有深厚的儒学修养，同时又有独立思考的精神。他们认为贤者能够就实行道，对国家面临的问题，国家的政治弊端，是勇于改正的。同时在皇帝面前，他们的忠诚不是满足皇帝的私欲，而是为了整个宋王朝的长治久安。因此，当皇帝犯了错误，这些大忠之臣是要纠正皇帝错误的。在朝堂之上，持不同意见的大臣可以互相讨论，可以并存、批评、斗争。这不影响他们对于整个王朝的忠诚。在这个时期，宋朝政治有着鼓励批评的制度与风气，这在中国历史上可以说是独一无二的，在传统中国的政治史上也是独一无二的。

宋三代，就是司马光和王安石这一代。这个代际划分与年龄有关，但不完全依据年龄，其实主要依据他们登上政治舞台、活跃在政治舞台上的时期。宋二代的特点是创造了帝制时期儒家政治的最好成绩：宽容政治，鼓励批评，独立思考。到了宋三代，北宋政治出现"法家转向"，其特点就是迎合取代批评，一元取代多元，功利取代理想，官僚沦为工具，皇帝走向专制。

宋四代，就是苏轼、苏辙、章惇、蔡京这一代。苏轼这个代际的特点是什么？苏轼生于仁宗中期，卒于徽宗建中靖国元年（1101），他的世界观的形成与行为方式的养成，得益于第二代代表人物的关怀和提携，比如欧阳修、张方平。他们对于苏轼兄弟的提携，是不遗余力的。欧阳修说"吾当避此人出一头地"，这是我们大家都知道的一个非常美好的故事，它在人类历史上都是闪闪发光的。而且我们还可以想象一个年龄差，就是当苏轼出现在欧阳修、富弼、张方平这些人眼前时，其实他们这个关系有点像祖孙关系，因此这一代人对苏轼、苏辙兄弟更加包容，更加提携，给予了他们非常多温暖美好的东西。

苏轼、苏辙兄弟丁忧结束回到朝中，真正登上政治舞台去发挥作用的时候，正是他们最年富力强的年纪。他们经历了王安石－神宗大变法，太皇太后摄政（其中包含司马光 18 个月的短暂执政），以及哲宗亲政。也就是说，苏轼、苏辙兄弟作为中生代的政治家要建功立业的时候，已经进入到第三代。

宋三代以后，政治上的宽容已逐渐收紧，不再鼓励批评，不再鼓励思考。苏轼、苏辙兄弟真正开始他们的政治生命的时代，其实已经是一个追随的时代。但是他们不肯追随，这也就注定了两兄弟的政治命运是不可能顺遂的。

过岭，是苏轼的代际命运所决定的唯一结果。

他不肯放弃，不肯追随，又是那样光彩夺目，无法被忽视。如果他平庸，那便也罢，但是他又没有办法平庸，所以最终迎来了他的命运：在 1094 年的时候，得到了过岭的惩罚。但是幸好，被贬到惠州、遭受最严厉惩罚的苏轼，已经是黄州之后的苏轼。

黄州对于苏轼来讲，是一个了不起的分水岭。黄州之前的苏轼，只是苏轼，是一个有才华的、众人都看好的苏轼，是一个优秀的文官。黄州之后，苏轼就变成了苏东坡。苏东坡是生命得到了升华的苏轼。他遭遇了人生中的第一次重大贬谪，甚至经历了生死考验，但他整个精神生命得到了极大的拓展和提升。

苏轼当时是一个什么样的心理状态呢？南宋的刘克庄有一句话，他说"公自绍圣以后诗文未尝有贬谪之叹"。绍圣元年（1094）是苏轼被贬惠州的年份。刘克庄认为，苏轼在被贬惠州之后，所作诗文再也没有过贬谪之叹了。那么这句话对还是不对？

苏轼抵达惠州 11 天后，就进行了一次出游，然后写作了《浣溪沙·罗袜空飞洛浦尘·序》。

> 绍圣元年十月十三日，与程乡令侯晋叔、归善簿谭汲游大云寺。野饮松下，设松黄汤，作此阕。余家近酿酒，名之曰"万家春"，盖岭南万户酒也。

到了惠州 11 天之后，苏轼身边已经有当地来接应招待他的朋友。另外还有程乡令侯晋叔来看苏轼，这是进行了跨州旅行的。然后这两个人陪苏轼去进行了野餐。而且我们注意到，这个时候苏轼家里已经开始学着岭南当地人在酿米酒了，所以可以想象他的心情是放松的。

同样是在这一个月，绍圣元年（1094）的十月二十二日，苏轼还写过一篇文章，叫作《事不能两立》：

> 乐天作庐山草堂，盖亦烧丹也。欲成而炉鼎败。明日，忠州刺史除书到。乃知世间、出世间事，不两立也。仆有此志久矣，而终无成者，亦以世间事未败故也。今日真败矣。《书》曰："民之所欲，天必从之。"信而有徵。

苏轼提到，白居易做庐山草堂本来是要炼丹修仙的，但是这个丹快要炼成的时候，功败垂成，炉子坏掉了。到了第二天，白居易就接到了朝廷的任命，任命他做中州刺史。

苏轼举这个例子后做结论说："乃知世间、出世间事不两立也。仆有此志久矣，而终无成者，亦以世间事未败故也。今日真败矣。"他提到自己也有炼丹修仙的念头很久了，但是一直没什么成就。为何没成就？就是因为尘缘未了，世间事还是有要求于他的，所以他现在来到这里。

苏轼安顿身心处绝不止儒家一地，道家、佛家对他的影响都是很深刻的，他以他的大聪明大智慧，融汇三家。

这里可以看到，苏轼刚到惠州时，心情是愉快的，而且，他总不至于没有出路。

我们再来看苏轼给钱济明写的这封信，内容很有意思：

《与钱济明》之四：某启。专人远辱书，存问加厚，感悚无已。比日，郡事余暇，起居何如？某到贬所，阖门省愆之外，无一事也。瘴乡风土，不问可知，少年或可久居，老者殊畏之。唯绝嗜欲、节饮食，可以不死，此言已书之绅矣。余则信命而已。近来亲旧书问已绝，理势应尔。济明独加于旧，高义凛然，固出天资。但愧不肖何以得此。会合无期，临纸怆恨，惟祝倍万保重。不宣。

苏轼向钱济明说，自己这么大岁数来到这个地方，没别的想头了，岭南地方唯独就是修仙了。"绝嗜欲、节饮食"，这都是修仙之道，就是不问世事的意思。但是不问世间事，如何忍得住？

苏轼其实是忍不住的，他有忍不住的关怀。他虽是谪官，没有实际的行政职务，可他积极参与了广东的地方建设。他没有行政责任，但又忍不住去建议，去提议，去斡旋，去帮助。

他在惠州期间做过什么呢？我这里做了一个不完全的统计：他向博罗县令林抃建议，制造推广"秧马"，在博罗香积寺建设水磨；向广州知州王古建议，引蒲涧山水入城，改善广州的饮水，这是中国历史上第一条有记录的自来水管道，同时还向王古建议，在广州筹建病院，因为这个地方是瘴疠之地，疾病多发；向广东提刑程之才建议，增修惠州诸军营房、动用阜民监粪土钱修盖惠州浮桥等。

苏轼在惠州时间并不长，但做了非常多事。他对于地方行政，其实一直是在积极建议的。同样作为迁客，我们可以对照一下苏轼和白居易。那是完全不同的两种形象。白居易的形象是"哭哭啼啼"的，是"我受了很大的委屈"。而实际上，苏轼受了比白居易更大的委屈。白居易只是被贬到了九江，苏轼被贬到哪儿了？都已经过岭了，但是他仍然是积极的，而且处处替人考虑。

苏轼不仅仅替当地老百姓考虑，他在求人办好事的时候，还没有忘记替那些没把事办好的人考虑。这是一般人做不到的。

苏过有一篇文章《书漳南李安正防御碑阴》提道："绍圣初，先君子谪罗浮。是时法令峻急，州县望风指，不敢与迁客游。一夕，苍梧守李公安正，引车骑扣门，请交于衡门之下。先君子初不识面也，慨然论世间事，商略古今人物，下至医卜技艺，皆出人意表。先君惊喜，以相见为晚。而公冒犯简书之畏，卒留十日而后行。呜呼，真天下奇男子！"

这是苏过为李安正写的一篇纪念文章，所以他要突出的是李安正的了不起。在这篇文章当中，苏过描述到，苏轼被贬到岭南后，当时大的政治环境很差，所以"州县望风指"，就是当州的官员看着开封的意思，都不敢与迁客交好。唯独这个李安正，特地来拜见苏轼。苏过觉得这是一个了不起的交情。

这篇文章当中提到的李安正，他在特殊时期对苏轼的特殊情谊，我想是真实的。但是"法令峻急，州县望风指，不敢与迁客游"这句话是否真实？我认为这属于修辞手法。

我们今天中学语文教的修辞手法仍然是这样，就是我们如果要夸谁，一定要欲扬先抑。所以回到苏过的这篇文章，我觉得这是属于修辞手法，不能当真的看。

为何这么说，不妨看看苏轼在惠州期间，当时的哪些广东官员与其有交往。

宋朝是没有省的，省治是从元以后才开始有。宋朝地方设县、州，州之上有路。但路跟州县不太一样，路一般来说是分设四套班子，这四套班子是各管一摊，而州县是什么都管的。

路一级的官员有四类：广州知州兼广东经略安抚使先后有两任，第一任是章楶（质夫），第二任是王古（敏仲）；广东转运使傅燮（志康），驻广州；广东提点刑狱使程之才（正辅），驻韶州；广东提举常平萧世京（昌孺），驻广州。

路一级的官员当中，转运使、提刑及提举的工作方式都是巡查，需要在一定的时间之内，把整个辖区都走一遍。比如说程之才，当时他住在韶州，但会巡视到广州。虽然他是负责司法方面的，但他不是直接的司法官员，他其实是对各州的司法进行审核的一个官员。

转运使是负责财政的。提举常平，则是王安石变法之后，新设的一些政府增收部门的管理者。

路一级官员下面，还有州县一级的官员。跟苏轼有过交道的，主要就是广州的通判谭掞（谭文初）、广州推官程全父（天侔）、惠州两任知州詹范（器之）和方子容（南圭）、惠州博罗县令林抃（天和）、梅州程乡县令侯晋叔（德昭）、循州龙川县令翟东玉、循州知州周彦质（文之）。

以上这些人都跟苏轼有过交道，并不是苏过说的"州县望风指"。所以我们说苏过的文章，是一种修辞，不可当真。

以提举常平萧世京为例，苏轼到惠州后，跟他通了第一封信——《与萧世京》：

> 某启。春和，窃惟起居佳胜。某罪谴，得托迹麾下，幸甚。到惠即欲上问，杜门省咎，人事几废，以故后时，想不深讶。未缘瞻奉，伏冀为时自重。谨奉手启布闻，不宣。

我们可以看一下这封信，这显然是两人之间的第一次通信，那么是谁先伸出的橄榄枝呢？

是萧世京先来的信。因为苏轼说"某罪谴，得托迹麾下，幸甚。到惠即欲上问"，就是说我到了惠州，本来打算给你写封信问候，但我是犯了错误被贬到这儿的，所以我要关上门在家反省，没能及时问候你。

从这里我们就可以看出，是萧世京先给苏轼写的信。苏轼收到信后，就回信说，我应该来了就给你写信的。

接着，我们再来看苏轼写给广州推官程全父的信：

> 某启。龙眼晚实愈佳。特蒙分惠，感怍不已。钱数封呈，烦聒，增悚！增悚！白鹤峰新居成，当从天侔求数色果木，太大则难活。太小则老人不能待，当酌中者。又须土碛稍大不伤根者为佳。不罪！不

罪！柑、橘、柚、荔枝、杨梅、枇杷、松、柏、含笑、栀子，漫写此数品，不必皆有，仍告书记其东西。十二月七日。

我们在这封信里看到，首先是程全父派人给苏轼送了一些晚熟的龙眼，所以苏轼要感谢他，说龙眼味道很好，谢谢你分给我。另外，苏轼可能还托程全父买了什么东西，所以提到了"钱数封呈"。接下来，苏轼又提到当时正在盖白鹤峰的房子，准备让家人搬到惠州来，并说这房子盖成了之后，一定会跟你要数色果木。

从信中的内容我们可以看到苏轼的不见外以及豁达。他不客气地给程全父列了个单子。从这一点可以看到什么？大概是程全父在这之前多次提到，如果你盖了房子，我就给你花木，千万不要跟我客气。

无独有偶，惠州博罗县令林天和也几次给苏轼送花。我猜想，大概因为越往南花木越容易活，岭南是四季常春的地方，鲜花遍地，所以苏轼到惠州没多久，家里应该就有了一个很漂亮的小花园。

从这两封信，我们可以看到苏轼和当地官员的关系是非常融洽的。

第一任广州知州章楶（质夫），比苏轼岁数大，他每个月都会派属下给苏轼送六壶酒。这是官酿的酒，质量应该还是不错的。但是有一次，章楶的信来了，酒却在半路上洒了，所以是书至而酒不达。于是苏轼就作了首《章质夫送酒六壶，书至而酒不达，戏作小诗问之》，诗的内容非常风趣，由此可以想象苏轼的心情有多好：

> 白衣送酒舞渊明，急扫风轩洗破觥。
> 岂意青州六从事，化为乌有一先生。
> 空烦左手持新蟹，漫绕东篱嗅落英。
> 南海使君今北海，定分百榼饷春耕。

这是章楶与苏轼的故事。另外程之才（正辅）与苏轼的故事也值得讲讲。程之才是苏轼的姐夫，也是亲表哥，两人42年未曾有交道。所以程之才被派到广南东路来做提点刑狱，是有人想要借两人的旧怨来迫害苏轼。但程之才最终成了苏轼强有力的后盾。

看苏轼与程之才之间的通信，我们会发现其实苏轼对他挺不客气的，跟他要东要西，而且所要的东西都得是质量很好的。

　　程之才究竟什么时候到的岭南？我还没有很深入地研究，不过根据苏轼和他的两封书信，我认为应该是比较早的时候。我们现在看到的苏轼文集，把《〈与程正辅〉第一简》作为第一简。当然苏轼文集的次序，不一定是真实时间的次序，但是这个第一简应该就是他们到岭南之后的第一简：

　　　　《与程正辅》第一简：某启，近闻使斾少留番禺，方欲上问。侯长官来，伏承传诲，意旨甚厚，感怍深矣。比日履兹新春，起居佳胜。知车骑不久东按，傥获一见，慰幸可量。未间，伏冀万万以时自重。谨奉手启。不宣。

　　苏轼在信中说，我听说你巡视到了广州，"方欲上问"，我正想要问候你。这跟给萧世京的第一封信其实是很像的。

　　"比日履兹新春"，是第二年年初，也就是绍圣二年（1095）年初的时候。"侯长官来，伏承传诲，意旨甚厚，感怍深矣"，这个侯长官是谁呢？长官是宋人对于县令的称呼，因为后来苏轼跟程正辅提到过侯长官和侯晋书，所以这个侯长官应当就是程乡县令侯晋叔。

　　因此，我们大概可以做这样一个推定：绍圣元年（1094）十月十三日，苏轼刚刚抵达，侯晋叔作为程乡县令陪伴他出游了。程乡在梅州，梅州是与惠州临近的一个州，按照当时的制度，地方官其实不方便做跨州的旅行。所以侯晋叔能够在苏轼抵达惠州十一天之后就陪伴他出游，那他肯定不是当天到的，侯晋叔应当是受了更上级官员的允许和指派，让他到惠州来迎接苏轼的。

　　那这个人，我觉得有可能是程之才。因为苏轼在与程正辅的第一封信里提到，"侯长官来，伏承传诲，意旨甚厚，感怍深矣"。现在我们先假定，程之才在绍圣元年十月左右的时候就已经到了，到任之后，他派侯晋叔到惠州来看苏轼，并且带来了他的亲笔信，或者是他的心意。所以苏轼转而可以说"伏承传诲，意旨甚厚，感怍深矣"。

　　当然，因为这封信里他又提到"比日履兹新春，起居佳胜"，那也有可能这封信中所提之事实际发生于绍圣二年的正月，正月就可以称春了，那也过去两个月了。不排除侯晋叔后来又来过。但也有可能，侯晋叔在十月份来，就是受了程之才的指派。

总之，一种可能是程之才是在绍圣元年苏轼抵达之前就已经到任，于是他派侯晋叔来迎接苏轼；第二种可能是，程之才到的时间没有那么早，他后来又派侯晋叔来过。但无论是哪种可能，侯晋叔都是程之才和苏轼之间重修旧好的一个信使，他传递了这一对表兄弟之间最初的信息。而这个最初的信息来自程之才，是他主动向苏轼表达了他的心意，而苏轼在接到这个信息之后，也很感动，于是说"意旨甚厚，感怍深矣"。

而且，这个时候苏轼提出来"知车骑不久东按，倘获一见，慰幸可量"，是说我知道你不久又要向东继续巡视了，如果到惠州来，我们能够见上一面的话，那我会感到非常欣慰的。

其实在这封信里，大家会发现，苏轼对于42年不往来的表兄弟能重修旧好，其实还是有一点怯生生的。因为这些年的断绝交往，也不能全说是程之才的错。当然最初的错是程之才犯的，不过他运气特别好，就是他活得足够长，才有机会在他和苏轼都进入晚年的时候，修正了自己的历史形象。如果说他死得早，那他就永远都是那个虐待死苏轼姐姐八娘的人。

苏洵一直认为女儿是被程家父子折磨死的，所以苏洵觉得那一家子人都非常不是东西，不愿跟他们交往。于是苏轼、苏辙两兄弟也就跟程之才断了交往。如果程之才真的在这42年之间某一个时间点死了，那他的历史形象就是诗里的形象。

程之才对苏轼很好，之前提到的其他官员对苏轼也很好，那在岭南有没有对苏轼不好的官员？有的，那就是转运使傅燮（志康）。

很有意思的是，苏轼给王古写过一封信。这封信的内容，又是托人办事，所以说苏轼真是没少麻烦他的朋友们。

> 某启。有二事，殊冗，未尝以干告，恃厚眷也。某为起宅子，用六七百千，囊为一空，旦夕之忧也。有一折支券，在市舶许节推处，托勘请。自前年五月请，不得，至今云未有折支物。此在漕司一指挥尔。告为一言于志康也。又有医人林忠彦者，技颇精，一郡赖之，欲得一博士助教名目，而本（惠）州无阙，不知经略司有阙可补否？如得之，皆谪居幸事也。不罪！不罪！

苏轼说他有两件事，都是非常琐碎的私事儿，因为你对我特别好，所以我还是告诉你吧，我还是求你吧。

什么事儿呢？第一件事是"某为起宅子，用六七百千，囊为一空，旦夕之忧也"，我为了盖白鹤峰这房子，已经把钱花完了，没钱了怎么办？"有一折支券，在市舶许节推处，托勘请。自前年五月请，不得，至今云未有折支物。此在漕司一指挥尔。告为一言于志康也。"我们姑且可以做一个最简单的理解，就是苏轼有这么一张折支券，是可以用来变现的，但是能够帮助他变现的这个地方就是市舶司。苏轼就把折支券放到了市舶司一名姓许的节推（官名）那里，求他帮忙去变现，但是那人就一直拖着不给他办。

于是，苏轼就点破了这件事儿，说办这件事其实很简单，其实就是转运司一个命令，就是批一个条子嘛，或者我们今天说的打一个电话的事。那么转运司的长官是谁呢？就是和苏轼同年考中进士的傅燮（志康）。

但苏轼要办这件事，并没有直接去求傅志康，而求的是广州知州王古，他请王古去跟傅志康说一下这件事。苏轼为什么不直接去求傅志康呢？他俩又不是不认识，同年考中进士，是多大的缘分。但他就是选择了求王古而不是傅志康。

另一件小事，是苏轼在惠州遇到了一个很厉害的大夫。大夫，总是很重要的，不仅仅对苏轼有帮助，整个惠州都很需要这个大夫。苏轼想替这个大夫谋一个官职，但是惠州没有合适的。苏轼就问王古那儿有没有，于是王古就帮他把这件事办了。

苏轼求了王古两件小事，大夫的事办好了，折支券的事却没有办下来。为什么没能帮他办？因为苏轼跟傅志康的关系确实不行。

为什么不行呢？因为苏轼在朝中做翰林学士的时候，曾经激烈地批评过傅志康，而且骂得很难听。根据黄庭坚后来的说法，大概是这么个事：广东那边有个地方发生了一起民变，地方政府在镇压过程当中，出现了虐杀良民的情况。而傅志康当时在江西，江西离广东最近，傅志康就被朝廷派去调查这一事件。结果他最后的做法是和稀泥。

按照黄庭坚给一个相关涉事人员写的墓志铭来看，傅志康当时和稀泥的做法不一定有错。但苏轼认为，傅志康这个做法就是有大问题，并把他举例言之。

我们总体来看，岭南的官员，除了有旧怨的傅志康，余下不管是路一级、州一级还是县一级的官员，都对苏轼很好、很宽容。虽然苏轼在政治上是被打压了下去，但是他在广东的时候，不管是对官员阶层还是老百姓，他都给出了满满的爱，相应的，他得到的也都是爱。在这一点上，苏轼在惠州，其实过得还不错。

但是如果说苏轼因此就不希望离开惠州，那也不对。再豁达的人，其实还是希望能够改善现状。在苏轼抵达惠州一年以后，绍圣二年的九月十九日，开封搞了一次明堂大典，大典之后就有大赦。那个时候，苏轼在写给程之才的信中，多次提到这次明堂大赦，从这些文字当中，可以看到苏轼真实的心情。

> 《与程正辅》四十：又赦后痴望量移稍北，不知可望否？兄闻众议如何，有所闻批示也？报言者论寿州配买茶一事，已施行仁圣之意，亦可仰测万一也。

苏轼提到，"又赦后痴望量移稍北，不知可望否？兄闻众议如何，有所闻批示也"。我们要考虑的是，当时信息传播速度很慢，苏轼只是先知道有个大赦，但是赦文还没有到，所以苏轼这个时候的想法是，我痴心妄想，希望能够改善一下居住环境，哪怕是回到岭之北就可以。因为程之才还在做官，他的信息更加灵通，而且他所在的韶州更靠北，那是从岭南地区往北去的第一个门户。

另外，苏轼还提到"报言者论寿州配买茶一事"，应该是曾经朝廷在寿州这个地方配买茶，类似于强买吧。有人把这件事提出来，哲宗就把这件事情取消了，苏轼认为这正是皇上的仁圣之意。其实，苏轼跟哲宗之间是有师生缘分的，他对于这个学生，其实还是希望他不管是对国还是对己，都是仁慈的。

而在另外一封信里，苏轼终于读到了抵达岭南的赦文：

> 《与程正辅》四十九：某今日伏读赦书，有责降官量移指挥，自惟无状，恐可该此恩命，庶几复得生见岭北江山矣。幸甚。又见赦文

云："访闻诸路转运司，有折科二税过重，致民间输纳倍费涉于掊克者，令提举司举察，关提、转先次改正，依条折科讫奏。"此一节非常赦语，必是圣主新意。

在赦文里，他读到了五个字——"责降官量移"，意思是受到处分的官员，可以酌情转移、酌情改善居住条件。他推测说，"自惟无状，恐可该此恩命"，虽然我是这么不像样的人，但这一条应该可以用到我身上的。也许我这一辈子还能活着看到岭北江山，幸甚。

而且苏轼从来都不是一个只看自己的人，他在赦文当中读到了一条，是说皇帝认为有些地方有剥削情况，或者税收过于严苛，要求调查改正。苏轼认为，若这段话不是普通的大赦里经常出现的话，那一定是圣主的心意，是圣上仁慈的体现。

苏轼认为，皇上的仁慈会让老百姓，或者说社会的负担得到缓解，也能够让他返回岭北江山。那么究竟有没有呢？

大赦是绍圣二年九月十八日发生的，但早在八月二十一日，赦前将近一个月，就有诏书下令，"应吕大防等永不得引用期数及赦恩叙复"。这是个例外条款，就是在大赦即将发生、天恩普降之前，先把一小拨人划出去，这划出去的人里，就包括了苏轼。

当时还在朝中的范纯仁，在大赦之前，对八月二十一日这个诏书感到非常忧愤，于是上奏说：

窃见吕大防等窜谪江湖，已更年祀，未蒙恩旨，久困拘囚，其人或年齿衰残，或素有疾病，不谙水土，气血向衰，骨肉分离，举目无告，将恐溘先朝露，客死异乡，不惟上轸圣怀，亦恐有伤和气……"

范纯仁认为，这些人被贬到远地去，已过了将近一年，又都是老人家了，所以他为同道遭受到更加不公正的待遇感到愤怒。于是范纯仁就向哲宗提出，希望给这些人恩赦。

但结果怎么样呢？范纯仁九月十日上奏，哲宗于十一日批示："范纯仁立异邀名，沮抑朝廷已行文字，可落观文殿大学士、知随州。"这是朝廷已经下达的命令，范纯仁也因此被夺职，人也被贬到了湖北。所以苏轼希望的北归，其实在八月二十一日就完全没有了指望。

当苏轼写信给程之才，说他没准有生之年还能再见到岭北江山时，说皇上多么伟大时，其实已经注定那个恩泽是到不了他身上的。苏轼也完全不知道，他的命运在此之前就被决定了。

白鹤峰的房子刚盖上，北方的亲人也从常州跨越万水千山，终于抵达了惠州。苏轼一家子团聚了，钱也花没了，折支券还没有变现，而他又收到了贬谪到更南的海南儋州的命令。

他在北归绝望之后，给程之才写过一封信，说：

> 某睹近事，已绝北归之望。然中心甚安之。未说妙理达观，但譬如元是惠州秀才，累举不第，有何不可？知之免忧。

这个时候，程之才已经往北走了，苏轼孤独地留在了惠州。他接纳了无法北归的命运，给自己找到了解脱之道：假设我生来就是一个惠州的秀才，也没有考中，我就没有办法离开这个地方啊，那我就一直在这儿又怎么样呢？

尽管苏轼做了可以老死惠州的打算，但是朝廷并没有就此放过他。绍圣四年，他启程离开惠州，前往更南的地方——海南岛上的儋州。

这一年，苏轼 62 岁。

「阅读」苏东坡书法

刘正成　国际书法家协会主席

如今，书法展览成为人们欣赏书法作品的重要场所。我们常常看到这样的场景：观众穿梭于一幅幅书法作品之间，目光多停留在字体的形式与书写的技巧上，鲜少关注作品书写的内容。而古人都是将书法作品拿在手中细细琢磨，或挂在书房反复品味。在现代的快节奏观看中，观众更关注"怎么写"，而忽略了"写什么"。因此，今天我就从"阅读"的角度，谈谈"阅读"苏东坡书法的必要性。

吉狄马加先生曾提到，文学有两个重要命题："写什么"和"怎么写"。如果不关注"写什么"，苏东坡的书法就一钱不值了。因为苏东坡的书法与他的生命是紧密联相连的。今天我们要了解苏东坡的书法，必须做这样一个重要的纠正。现在，许多人讲苏东坡，但多以他的经历和诗词为主，而我想讲讲他的书法，和大家分享他写的是什么。

竞技书法时代的审美误区

由于书法艺术的普及和广大人民群众的参与，科举时代的书法门槛大大降低，书法创作的主体结构发生改变，使书法艺术逐渐褪去了从前的精英感。从近四十年的群众性书法展览中，我们可以看出"书法热"逐渐演变为了泛文化的民俗文化活动。这是社会进步的体现，但同时也引出了一个问题：文化艺术水平的高低不是由观众数量决定的，而是由代表性的艺术家的创作水平决定的。书法作为我国具有数千年历史的优秀传统文化，应如何提高创作者的创作水平和受众的审美意识？针对这个问题，我主要从当前书法艺术面临的两个误区谈起。

（一）无需阅读只需看字形的唐诗宋词抄书展

今天的书法家动辄从《唐诗三百首》选取书写内容，普通观众在展厅里也能轻易地认出这是什么诗。换言之，书法家书写了什么内容不重要，重要的是字写得怎么样。这种现象是当代书法的缺失——审美的缺失。我们不仅要关心"怎么写"，还要关心"写什么"。从某种意义上讲，今天的书法展实际上是"唐诗宋词书法展"，很少有表达创作者思想的作品。这是当代书法创作的误区——无需阅读，只需看字形。

古代书法家并非不写他人的诗词。明代以后，盐商家中常挂书法作品，他们会请书法家写字，比如祝允明、文徵明。这些盐商熟读《唐诗三百首》，会指定内容让书法家写，而不是书法家主动选择。翻开文徵明的作品集，一半是唐诗宋词，另一半是自己的创作。前者是应人所请，后者才是真正的创作。

苏东坡也抄过他人的文章。例如，苏东坡所书《柳州罗池碑》——现在普遍以起首二字称为《荔子碑》，便是其晚年自贬谪地海南返回中原，路过柳州时应请索而书，所写内容为韩愈悼念柳宗元的诗篇。在此之前，东坡出守颍州时还应请索写过欧阳修《醉翁亭记》有跋文曰：

> 元祐六年，轼为颍州，而开封刘君季孙自高邮来，过滁。滁守河南王君诏请以滁人之意，求书于轼。

苏东坡为什么要抄写韩愈的诗呢？因为原来由唐朝人沈传师所书的韩愈所撰碑文已毁弃，为了让后人能够读到韩愈对柳宗元的推重，才抄写了他的诗。这就回答了"写什么"的创作文字选择。因此，韩愈之文、苏轼之书，与柳宗元其人，成了《荔子碑》这一书法作品的核心。

而今人呢？"写什么"这个问题不成其为问题，一般只考虑幅式和尺寸，只数字数便随手拈来"写什么"。这种职能与唐宋以前的抄书手基本一样，而所抄之诗文又多为观众所熟知。于是，在展厅中，很少有人去关注书法家写的内容，只把注意力集中在作品的结字、笔法、墨色、章法等视觉形式的构成以及技法层面欣赏上。于是，"炫技"不仅是书法创作的手段，还是书法作品的艺术标的。

观赏书法如同观赏绘画一样，只需"看"，而不需"读"——即使所写的文字是诗，也只是看看而已！这种只有几十年历史的书法展览会，彻底改变了此前几千年对书法作品一边阅读一边审美的观赏模式。这样下去，书法的继承与发展是否将面临一个深刻的民俗化危机？

（二）书法作品成为与生活完全脱钩的工艺品

2001 年，我在中国社会科学院考古研究所成立 50 周年召开的国际考古学研讨会中，谈到当代书法艺术与考古学的关系：多年以后，某个遗址中出土了一批写着唐诗宋词的书法作品，但这些作品的断代不应是唐代或宋代，而是 20 世纪末至 21 世纪初。那时，一位考古学家回应道：这是一种后现代现象！换句话说，当下的书法已经脱离了历史发展的轨道，因袭伪装千年以前的人文环境，从而演变成了一种后现代艺术。

完全使用古人艺术语言，描绘古人生活情感的书法作品，无法对应当代人的生活情境，这是对书法艺术规定性的基因改变。回到苏东坡书论的原点："古人论书者，兼论其生平。"可见，若不能从创作者的书法作品中看见他的"生平"，即人生经历与生命经验，这样的纯技术性作品只能被称为工艺美术品。

书法是创作者描绘自己生活与精神的载体。即使我们仍然使用古文和古诗的语言形式，也是植根于自己生活的文字与文学表达。如果这种载体与创作者的生活严重错位，书法作品就丧失了独创性与艺术性，成为纯粹的工艺美术品。现代考古学和社会人类学可以为这类作品断代，却无法为它找到人文价值。这就是苏东坡所说的"苟非其人，虽工不贵"。这些仅仅留下字形、笔墨使转及其平面构成的视觉形式，肯定不能称为书法，姑且言之乃是当代艺术。正如一些"乱书"，完全失去文字符号载体的作品，只能称得当代艺术，它与书法及其文字载体有关系，但已经不能界定为书法作品。

苏东坡书法审美观念的普遍性

车尔尼雪夫斯基在《艺术与现实的审美关系》一文中探讨艺术和生活的关系时指出，"美是生活"，并进一步解释："任何事物，凡是我们在那里面看得见依照我们的理解应当如此的生活，那就是美的；任何东西，凡是显示出生活或使我们想起生活的，那就是美的。"

从前的教科书把这个观点归纳为现实主义美学观，而我认为它超越了现实主义或浪漫主义的窠臼。因为它与我国古代经典书法审美观是完全一致的。《书唐氏六家书后》中，苏东坡提出了一个著名的书法审美范式："古之论者，兼论其平生，苟非其人，虽工不贵也。"

苏东坡这句谈论书法的名言写于北宋元丰四年，即公元1081年，比车氏关于文学的前述理论早了八九百年。更令人惊叹的是，两者的论述惊人相似。可以说，苏东坡找到了书法与文学的同一性和普遍性，这确实是伟大的先见之明！我们可以进一步分析苏东坡这一理论的现代意义：

第一，什么叫"工"？即书法作品的视觉形式。

第二，什么叫"贵"？即书法作品的精神文化。

这二者不可或缺、不可偏废，是一个艺术作品相互关联、相互依存、相互生发的整体。饶宗颐教授曾说："书法不是视觉艺术。"牛津大学柯律格教授也曾说："书法不是抽象艺术，因为它有文字。"苏东坡显然是两者兼顾的，但言语之间似看重容易被忽视的"贵"——书法创作主体的精神文化的表现。

果然，九百多年后的今天，书法的创作与审美发生了似乎是他意料之中的大逆转：竞技书法时代来临了！

以《黄州寒食诗帖》为例阅读苏东坡书法

我曾经在《书法的审美》演讲稿中，概括了书法审美的三个层次：视觉层次、精神层次和文化层次。视觉层次是靠观看,精神层次和文化层次则是靠观看与阅读。观看刺激视觉感官产生愉悦,观看与阅读则产生理性美的感会。

(一)阅读途径:《中国书法全集》编撰体例

二十多年前,于明诠先生受命担任《中国书法全集·黄宾虹林散之陶博吾卷》主编。为完成该任务,他的书架上陆续摆上了已经出版的《中国书法全集》。他以往阅读此类书籍的经验是只翻看各卷书内的书法作品图片,因为这类书籍即使图片前后都有点文字,其实大多无关紧要。但他此次把购进的全集各卷翻开仔细一看,却发现了它有较为复杂的体例结构,为其他书籍所罕见,才体会到这个体例既是阅读的指南,也是编撰方法的提示。

本书图前有书家评传或断代分类书法研究,图后对每一件作品有考证、释文、书家书论、书家年表或断代分类的书法年表、作品图录、参考书目、书家行踪示意图。图前后的文字均是所有作品多角度、多侧面的研究与导读。这种复杂的体例结构在西方艺术史研究中是罕见的,也是中国目前同类书籍中少有或者没有的。

其实,这种体例结构来自东西和古今传统。其研究方法一方面源于日本中田勇次郎等京都学派在一百年前所编纂的 30 卷本的《书道全集》的实证主义方法论,即对收入书中的每一件作品要有较为细致的考证,并从传统文献学和现代社会、文化人类学的角度进行阐释,确立作品观念;另一方面,源于中国经典历史学研究的方法论,即以《史记》的传、志、表为体例参考,设计出了百卷本《中国书法全集》的编撰体例。如果对这个体例不了解,就难以精深地阅读。

(二)《黄州寒食诗帖》的审美分析

我以《黄州寒食诗帖》为例,从视觉阅读、精神阅读、文化阅读三个层次进行审美分析。但是,这三个层次的分析,又并非按上述秩序进行。

我们先重温一下黄庭坚在《黄州寒食诗帖》发表以后不久所写的著名题跋。

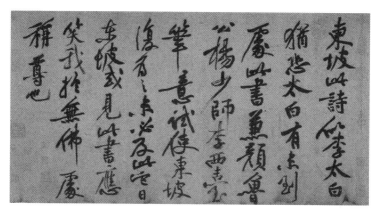

黄庭坚《题苏轼寒食帖跋》

黄庭坚的跋从诗与书两个侧面去评价作品："东坡此诗似李太白，犹恐太白有未到处。此书兼颜鲁公、杨少师、李西台笔意，试使东坡复为之，未必及此。它日东坡或见此书，应笑我于无佛处称尊也。"黄庭坚的审美理论可归纳为"先论诗后论书"。

1. 从诗与书的形式价值层面分析

黄庭坚称苏东坡此诗超过李太白。李白的诗想象奇特，如《梦游天姥吟留别》，虽未去过天姥山却能写出奇幻的诗篇。而苏东坡则以生活细节展现诗意，他写自己在黄州的生活。如"小屋如渔舟，濛濛水云里。空庖煮寒菜，破灶烧湿苇"，描绘了生活的困苦；又如"君门深九重，坟墓在万里"，表达了对朝廷的牵挂和对祖坟的思念。这些生活细节是李白诗中所没有的，苏东坡让我们更能感受到生活的真实与亲切。

> 自我来黄州，已过三寒食，
> 年年欲惜春，春去不容惜。
> 今年又苦雨，两月秋萧瑟。
> 卧闻海棠花，泥污燕支雪。
> 暗中偷负去，夜半真有力。
> 何殊病少年，病起头已白。

春江欲入户，雨势来不已。

小屋如渔舟，濛濛水云里。

空庖煮寒菜，破灶烧湿苇。

那知是寒食，但见乌衔纸。

君门深九重，坟墓在万里。

也拟哭途穷，死灰吹不起。

　　《诗概》中，刘熙载论李白云："太白诗言在口头，想出天外，殆亦如是。"又论东坡："东坡虽为诗而仍有夷然不屑之意，所以尤高。"可见，诗的真实源自生活的真实。

　　在书法方面，黄庭坚将苏东坡与颜真卿、杨凝式、李建中相比，认为苏东坡"出新意于豪放之外，寄妙理于法度之中"。

《黄州寒食诗帖》局部

　　唐代和五代的书法家讲究法度，而苏东坡在遵循法度的同时，又能展现新意。东坡论吴道子画云："出新意于豪放之外，寄妙理于法度之中。"此语乃夫子自道。这是苏东坡在书法史上变唐法为宋意的伟大艺术实践。

　　2. 从情感与精神层面分析

　　我曾在《苏轼书法评传》中从情感表现的角度将《黄州寒食诗帖》与颜真卿的《祭侄文稿》进行比较：初观、再观、再再观，你都无法追逐其诗与书的形式。一次，又一次，浓烈沉重的悲情撞击心灵，令人难以自

《黄州寒食诗帖》，34.2cm×199.5cm，元丰五年（1082），黄州，台北故宫博物院藏

图片来源：《中国书法全集 33·苏轼一》

颜真卿《祭侄文稿》28.3cm×75.5cm，唐乾元元年（758），常山（今正定），台北故宫博物院藏

图片来源：《中国书法全集 26·颜真卿一》

持。可以说，除了颜真卿的《祭侄文稿》外，几乎难以找到第三件如《黄州寒食诗帖》这样具有情感冲击力和穿透力的作品。

我在《苏轼书法评传》中还做了以下比较：如果需要找到某种参照物，《祭侄文稿》是一种不加节制的激情表现，而《黄州寒食诗帖》则是对激情加以约束以后的抒发。这当然不是指那种冷静的平衡美、结构美、技术美，而是建立在人的激情基础上的主观艺术创造，一种在于更多体现情意、意趣、意味的包含着某种主观意念的艺术创造。我认为，这大概就是宋人书法与唐人书法（包括理性的法度美和非理性的表现美）的分野，也是宋代文人绘画与唐代职业绘画的分野。而这个分野的制高点就在苏东坡，在《黄州寒食诗帖》。

试问：今天，谁的书法作品能像苏东坡这样从情感上感动人、折服人？

从创作历程认知东坡的风格创造

苏东坡的书法创作经历了不同的阶段，分早期、中期和晚期，每个阶段都有其独特的风格。

早期，他的书法具有王羲之的风格，如《西楼帖》为治平年间所写，字体娟秀，多是关于家庭琐事的记录，与后来的作品风格差异较大。中期，《黄州寒食诗帖》是他的杰作，代表了他书法创作的高峰和成熟期。此时的作品在情感表达和书法技巧上实现了完美的结合，通过字的大小、笔画的粗细，生动地展现了他在黄州时期的生活与心境。晚期，苏东坡的作品更加平整，如被贬到海南后，虽然历经磨难，但从他的书法中我们仍能感受到一种豁达与平静。当他得知自己可以回到中原时，书法中又流露出喜出望外的情绪。《黄州寒食诗帖》之后的作品，多是他死里逃生的感慨，《洞庭春色赋》是他死亡前夕的作品，却体现出了一种超然的平静。

这些作品都是他成熟后的变奏，反映了他不同阶段的人生经历和心境变化。所以我们谈苏东坡，一定要分时期、分作品。

（一）苏东坡风格成熟前的诗文楷书代表作《文与可字说》

《文与可字说》（部分），熙宁八年（1075），密州，天津艺术博物馆藏

图片来源：《中国书法全集 33·苏轼一》

（二）苏东坡风格成熟前的翰札行书代表作《治平帖》

这件作品，从鉴定学意义上来看它是"苏东坡"，但从个人风格代表性来看又不是"苏东坡"，因为精丽点画结字与简静适意的章法均与晋唐同调，属王羲之加钟繇的晋唐楷书经典模式。

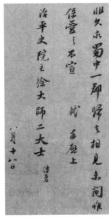

《治平帖》，29.2cm×45.2cm，熙宁三年（1070），汴京，故宫博物院藏

图片来源：《中国书法全集 34·苏轼一》

（三）苏东坡风格成熟后期诗文书代表作《洞庭春色赋》

此时，苏东坡正经历比黄州谪贬更为凄惨，甚至逼近死亡的苦难历程，此书是他留下的生命见证。

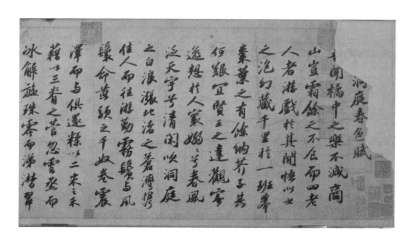

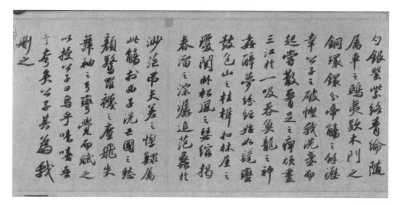

《洞庭春色赋》，28.3cm×306cm，绍圣元年（1094），颍州，吉林省博物院藏

图片来源：《中国书法全集 33·苏轼二》

（四）苏东坡风格成熟晚期翰札行书代表作《渡海帖》

此时，苏东坡忽然遇赦，渡海返回中原，在即将回到原居住地常州的旅途上，他回忆起南窜八年的生死跋涉，悲欣交集。

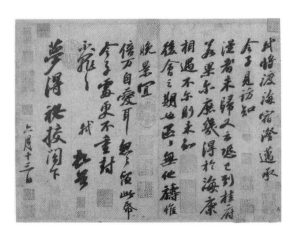

《渡海帖》，28.6cm×40.2cm，元符三年（1100），琼州，故宫博物院藏

图片来源：《中国书法全集34·苏轼二》

《渡海帖》，28.6cm×40.2cm，建中靖国元年（1101），将抵南京的长江船上，故宫博物院藏

图片来源：《中国书法全集34·苏轼二》

　　从以上四件作品来看，它们是苏东坡风格成熟的变奏：一面是死亡前夜的复归平正，一面是死里逃生的喜出望外的最后安慰。

　　关于"三大行书"，学界一般认为是《兰亭序》《祭侄文稿》和《黄州寒食诗帖》。在书法史上，"天下第一行书"是王羲之的《兰亭序》，这是由唐太宗在《晋书·王羲之传》中专门写传论确定下来的，王羲之也因此奠定了在中国书法史上的重要地位。颜真卿的地位则是由苏东坡提出"诗至于杜子美，画至于吴道子，书至于颜鲁公，天下之能事毕矣"而确立的。颜真卿的《祭侄文稿》被视为"天下第二行书"。而"天下第三行书"《黄州寒食诗帖》是后世几位重要的苏东坡研究专家，如林淑媛、翁方纲等评定的。不过，对于这个排名，学界也存在一定的争论，比如有人认为傅山的作品也有资格参与竞争。

这"三大行书"在中国书法史上有着重要的意义。王羲之的《兰亭序》突出了书法家的主体性，是文人书法的开拓者；颜真卿的楷书为唐代楷书规范书写作出了贡献，他的《祭侄文稿》实现了"人书合一"；苏东坡则在唐代书法高峰的基础上，树立了新的书法审美观念，"古人论书者兼论其人生平，苟非其人，虽工不贵"这一理论，对后世书法发展产生了深远影响。

今天，书法艺术的公众参与度是空前的，但艺术创作的高峰尚未出现。我们在提升书法技法的同时，更应注重"人书合一"，让书法反映当代人的生活和情感。未来的书法创作，不应仅仅满足于表面的形式，而应深入挖掘作品的内涵，与历史文化相衔接，创作出既具有时代特色，又能体现深刻精神内涵的作品。只有这样，当代书法才能在传承中不断发展，真正走向艺术的高峰。

苏东坡的书法就像一座宝藏，为我们提供了宝贵的启示。在当代书法发展的道路上，我们应认真阅读和研究苏东坡的书法作品，汲取其中的养分，反思当代书法存在的问题，努力推动书法艺术不断向前发展。量子力学告诉我们，从某种意义上讲宇宙中的一切存在的终极形式就是信息。苏东坡用一支柔毫在纸上留下的点点墨痕，都是他不能用其他形式所表达的心灵世界，尤其是其中的情感和思绪。他还活在我们的平行宇宙中，只要我们阅读、解读这些点点墨痕，我们就可以实现与他心灵和情感的对话！

苏东坡书法与文学成就的当代启示

吉狄马加　著名诗人

三苏祠是中国诗歌的一块圣地。作为诗人，我带着朝圣的心情来到这里。"三苏"，尤其是苏东坡在中国诗歌史上的地位非常崇高。近年来，我们不断回顾中国诗歌的历史，不断阅读那些伟大的诗作。可以说，苏东坡的作品，无论是诗歌还是文章，都已成经典。刘正成先生在上文已经对苏东坡做了一个相当全面、系统的梳理。接下来，我要做的就是对他的观点进行补充，与大家探讨中国书法的当代发展方向。

"乌台诗案"后的创作转向

　　苏东坡是一位全才、大家，他是诗人、文学家，也是思想家、政治家，更是书法家、画家。现在，很多热爱文学、热爱书法、热爱苏东坡的人都在深度地阅读他、研究他，尝试将其纳入当代文化语境。对此，刘正成先生提出了"人书合一"的观点。他在谈到苏东坡时反复强调，苏东坡的文章、诗歌和书法是完全交融的。苏东坡所呈现出的"人诗合一"和"人书合一"的创作理念，对我们今天的书法创作有着重要的启示意义。

　　纵观苏东坡的全部作品，包括他早期的诗歌、文赋、书法，我们会发现：在经历"乌台诗案"后，苏东坡的创作风格发生了巨变。这种转变在文学史上不乏先例。中世纪，意大利诗人但丁曾在政治斗争中遭到流放。流放后，但丁开始深入思考人的本质、生命的意义等根本性问题，最终创作出名震世界的《神曲》。这部作品描写了地狱、炼狱和天堂，其中很多人物的原型都来自现实生活。西方批评家普遍认为，如果没有流放经历，但丁可能写不出如此伟大的作品。恩格斯也曾评价但丁是"中世纪的最后一位诗人，同时也是新时代的第一位诗人"。此外，俄罗斯诗人曼德尔施塔姆也在被流放到沃罗涅日后，创作出了生平最高水平的诗歌。可见，艺术家的人生经历会深刻影响其创作。

回到苏东坡，我们可以从他"乌台诗案"后的创作中，感受到他对中国传统文化中儒释道的深刻体悟。

苏东坡本质上是一个入世的人。他深受儒家思想影响，很早便在科举考试中获取了功名，也很早就踏入了仕途。无论在何处为官，他都努力地将自己的政治理想付诸实践。例如，在杭州为官时，为治理西湖的水域环境，他主持疏浚淤泥、疏通河道，为老百姓做了很多事。可以说，他是一个创新的改革者，也是一个真诚的实践者。但在"乌台诗案"后，尤其是贬谪黄州期间，他创作的作品，如《赤壁赋》《后赤壁赋》《念奴娇·赤壁怀古》等，开始将视线从现实世界转向对生命的意义、存在的价值等哲学命题的探讨之上。

晚年，苏东坡从儋州结束流放回到金山寺时，看到好友李公麟早年为他画的像，总结自己一生功业时说："问汝平生功业，黄州惠州儋州。"此时，苏东坡明显受到了佛教思想影响。作为入世的官员，他在经历政治沉浮后萌生了出世的想法。这种观念在他后期的作品中表现得尤为明显。

此外，关于道家思想对苏东坡的影响也很值得探讨。在流放生涯中，苏东坡开始重读陶渊明。事实上，在苏东坡推崇陶渊明之前，陶渊明在文学史上的地位并不突出。正是由于他的发现和阐释，才使得陶渊明的文学价值被挖掘了出来。而苏东坡与陶渊明之间的共振，源自他对道家"天人合一"思想的深度理解。从他后期的作品中，我们不难发现一些与陶渊明"对话"的诗作，这是一种跨越时空的精神交流。

苏东坡的伟大之处在于，他能够根据人生境遇调整状态：该入世时，积极入世；该出世时，超然物外；失意落魄时，与古人进行精神对话，于自然中寻找心灵归宿。这些特质使他成为千年难得一见的全才，为后世诗人、书法家树立了典范。

"人书合一"的创作理念

书法家的创作一旦进入竞技状态，就容易忽略书法与传统的关系。而苏东坡书法艺术的伟大之处在于，他既继承了晋人书法的神韵，又把握了唐人书法的法度，更体现了宋人"尚意"的审美。

中国书法向来以法度严谨著称，王羲之的作品就是典型代表。但到了宋代，苏东坡、黄庭坚、米芾、蔡襄等人开始追求法度之外的意趣，创造出了独特的书法意境。刘正成先生认为，《黄州寒食诗帖》是苏东坡书法艺术的重要转折点，它体现了"人书合一"的创作理念。其一，"尚意"的审美和"人书合一"的境界不可复制。其二，书法家与诗人的身份在创作时合二为一的主体性不可复制。可以说，苏东坡的书法不是"无源之水"，而是由传统构造的，这在他的书法作品中有充分地体现，即内容与形式的高度统一。我们在颜真卿等唐代书法家的作品中也能看到这种统一。

此外，刘正成先生提到的观点很有启发：当代书法家在技艺上可能有很大进步，但苏东坡"人书合一"的创作理念仍然值得我们深思。今天的书法家很少书写自己的作品，而古代书法家，如王羲之的《兰亭序》、颜真卿的《祭侄文稿》，都是书写自己的文字，记录真实的情感和事件。

《兰亭序》名震天下，在书法史上留下了一些佳话。这幅作品并非完美无瑕，中间有涂改，王羲之酒醒之后也试图重写。但他重写之后，还是觉得最初的字更好。无独有偶，饱含真挚情感的《祭侄文稿》也有涂改。但这些涂改痕迹反而增强了作品的艺术感染力，展现了书法家书写时的真实状态。这种"现场性"是刻意模仿无法获得的。

中国书法之所以成为独特的艺术，就在于它既有法度，又有创造性。苏东坡等宋代书法家在继承晋唐传统的基础上追求"尚意"，但始终没有脱离书法的基本规范。而在掌握基本法度的基础上，书法的最高境界可被概括为"法无定法"。我认为，书法是一项有着极高审美意趣的艺术，它的抽象美是西方艺术难以企及的。以黄庭坚为例，他的某些书法线条极具抽象美，因为那是他特定情境下不可重复的创造。因此，中国书法的抽象是一种绝对意义上的最高抽象。

今天，我们在进行书法创作时，应该思考几个问题：什么是中国书法的本质？如何在遵守基本法度的前提下进行创新？如何实现"人书合一"？

中国书法的当代发展

无论是东方艺术，还是西方艺术，艺术都是不断发展变化的。从古希腊艺术到文艺复兴，从古典主义到现代主义，每个时代都有其代表性的艺术风格。20世纪60至70年代，日本出现的"新书法运动"。其中，一部分作品仍能看出与传统书法的联系，但另一部分作品已经完全转向当代艺术表达。这就引出一个根本性问题：书法的边界在哪里？

我认为，中国书法必须遵循基本的法度，这个法度就是汉字的结构。就像围棋，棋盘是固定的，但棋路可以千变万化。我们可以用传统笔墨工具创作具有当代性的作品，但如果完全脱离汉字结构，就不再是传统意义上的书法了。弘一法师晚年的书法极具个性，看似随意，实则建立在他对传统书法的深厚理解之上。没有这种根基，单纯模仿其形式是无法得其神韵的。

当代书法创作面临的一个重要挑战——如何在守正与创新之间找到平衡。一方面，我们要尊重书法艺术的传统法度；另一方面，我们也要鼓励艺术家进行创造性探索。苏东坡等宋代书法家追求的"尚意"不是对法度的否定，而是在掌握法度基础上的超越。

近几年，我也在尝试创作一些当代书法作品，但我很清楚它们与传统书法的区别。当我提笔写字时，仍然会遵循自己对传统的理解。中国书法的当代发展具有多种可能性，但无论何种创新，都不能忘记文化的根脉。苏东坡在黄州时期的创作，虽然风格大变，但其精神内核始终与中国传统文化一脉相承。

最后，我想强调的是书法艺术的当代发展离不开理论研究的支撑。我们需要更多学者深入研究书法史，梳理传统与现代的关系，也需要艺术批评家对当代书法创作进行客观的评价。只有在理论与实践的双重推动下，中国书法才能在当代焕发新的生命力。

今天，站在三苏祠这片圣地上，我们向这位伟大先贤致敬。正如刘正成先生所说，在平行时空中，苏东坡依然活着——他的诗歌活着，他的书法活着，他的音容笑貌活着。他不仅是蜀地的骄傲，是国家的骄傲，更是整个中华民族的骄傲。他代表的文化精神，必将穿越时空，成为人类文明的重要组成部分。

苏东坡留给我们的最宝贵遗产，或许就是在传承中创新、在创新中传承的艺术精神。在当代书法创作中，我们既要学习他"人书合一"的创作理念，也要像他那样，既扎根传统，又面向未来。这才是对这位文化巨人最好的纪念，也是中国书法在当代发展的正确方向。